CRESCER COM O CORPO

Dados Internacionais de Catalogação na Publicação (CIP)
(Câmara Brasileira do Livro, SP, Brasil)

Diana, Rossella
Crescer com o corpo : educar os adolescentes para a corporalidade / Rossella Diana ; tradução de Felipe Augusto Neves Silva. – Petrópolis, RJ : Vozes, 2017.

Título original : Crescere col corpo : educare gli adolescenti alla corporeità.

Bibliografia

ISBN 978-85-326-5336-9

1. Corpo humano – Adolescência – Aspectos psicológicos 2. Corporeidade – Adolescência – Aspectos pedagógicos I. Título.

16-07021 CDD-370.11

Índices para catálogo sistemático:

1. Corpo : Adolescência : Educação 370.11

CRESCER COM O CORPO

EDUCAR OS ADOLESCENTES PARA A CORPORALIDADE

[ROSSELLA DIANA]

Tradução de Felipe Augusto Neves Silva

EDITORA VOZES

Petrópolis

Título original em italiano: *Crescere col corpo – Educare gli adolescenti alla corporeità*

Rua Frei Luís, 100
25689-900 Petrópolis, RJ
www.vozes.com.br
Brasil

Editoração: Flávia Peixoto
Diagramação: Sheilandre Desenv. Gráfico
Revisão gráfica: Nilton Braz da Rocha
Capa: Rafael Brum

ISBN 978-85-326-5336-9 (Brasil)
ISBN 978-88-6153-201-4 (Itália)

Editado conforme o novo acordo ortográfico.

Este livro foi composto e impresso pela Editora Vozes Ltda.

Sumário

Introdução

Crescer com o corpo é um manual que nasce de um desejo que é, ao mesmo tempo, um desafio: tratar um emergente problema educativo, o do abuso corporal em nossa sociedade. Uma cultura baseada na transformação do corpo em produto de mercado está influenciando as novas gerações, determinando uma mudança histórica quanto às modalidades de se viver a relação consigo mesmo e com o sexo oposto.

Esse problema, embora debatido em diversos contextos, não teve, na maior parte dos casos, intervenções educativas estruturadas com vistas a conter tal fenômeno. Por isso, a necessidade de intervir conscientemente por meio de uma escolha pedagógica e uma didática específica.

Este manual coloca-se como útil instrumento para se alcançar esse objetivo. Destinado aos educadores que atuam com pré-adolescentes e adolescentes, oferece orientações de trabalho que põem o corpo no centro, visto como um veículo privilegiado para a conquista da identidade pessoal e social, expressão de um paradigma educativo que considera qualquer pessoa protagonista do próprio crescimento. Longe de querer ser exaustivo, tem a intenção de indicar um possível método de trabalho que vise a educar por meio do corpo, propondo um percurso gradual feito a partir de perguntas e reflexões sobre si mesmo e as próprias experiências. Tudo isso para "pôr em movimento" as potencialidades de cada um e desenvolver as capacidades críticas.

Aos educadores é confiada a tarefa de facilitar e apoiar o processo individual de crescimento autônomo. Além de "conduzir o jogo", planejando, selecionando, propondo, eles devem saber "pôr em jogo", participando do percurso em primeira pessoa e assumindo um papel empático e ativo. Trata-se de formar-se e formar para a vida, com a consciência de que, como diz Tolstoi, não se pode educar os outros sem educar a si próprio.

As páginas seguintes são fruto da experiência, amadurecida em tantos anos de atividade laboratorial com adultos e crianças. As atividades propostas são esboços de uma experimentação que deu forma a uma pesquisa pessoal e profissional ainda não concluída.

A necessidade de arriscar num campo pedagógico tão complexo quanto o relacionado à corporalidade é a consequência da obrigatoriedade de reafirmar alguns valores e inovar no âmbito educativo-didático. Os êxitos de tal propósito são entregues às mãos de quem queira compartilhar do percurso traçado neste manual.

O percurso formativo

O texto enfrenta, especificamente, os temas relacionados ao corpo: o espaço, o tempo, o movimento, o corpo na sociedade, a educação afetivo-sexual.

Cada capítulo desenvolve dois âmbitos de pesquisa e oferece ao educador um repertório variado de atividades, para as quais se indicam os objetivos, a execução e as perguntas para o *feedback*, ou seja, a reação a um estímulo específico. Esse conceito, no âmbito da formação, assume o significado de mecanismo de controle, necessário ao educador para obter informações quanto aos êxitos da atividade executada.

A partir das perguntas propostas no fim de cada atividade, é possível saber se ficou clara a mensagem transmitida pelo educador, se foi alcançado o objetivo da atividade e, sobretudo, é possível recolher as reações individuais dos participantes, permitindo, por meio do processamento dos dados obtidos, o monitoramento do caminho formativo iniciado.

O percurso formativo, destinado às meninas e aos meninos dos 11 aos 17 anos, tem o corpo como protagonista. O texto representa um instrumento didático para os professores, os animadores de grupo e os educadores em geral que pretendem enfrentar temas relativos à educação, à saúde, às mesmas oportunidades, à afetividade e à sexualidade.

Inspirado em alguns estudos psicopedagógicos preocupados com o corpo – como a psicomotricidade de Lapierre e Aucouturier[1], as teorias de Laban[2] sobre o movimento, a bioenergética de Lowen[3], as inteligências múltiplas de Gardner[4], a inteligência emotiva de Goleman[5], o Movimento Criativo Método Garcia-Plevin[6] –, procura dar uma leitura em chave pedagógica por meio da individualização de um método concreto de trabalho que se baseia em uma didática ativa, adaptável a diversos contextos formativos e com os seguintes objetivos:

- **encontro com o corpo**, o próprio e o dos outros, considerado lugar de reconhecimento de si mesmo e do outro, lugar para aprender a estar consigo mesmo e com os outros;
- **encontro com as próprias emoções**, que se refere à importância de ser, à consciência do que acontece dentro e fora de nós;
- **encontro com a realidade adjacente**, que se torna fonte de conhecimento e de análise crítica dos acontecimentos;
- **desenvolvimento da criatividade**, que torna possível a elaboração e a construção de novos conteúdos e de novas possibilidades.

Esses objetivos almejam a construção de uma *cultura da percepção* que, segundo Irigaray, consiste em favorecer uma educação que permita ao indivíduo aprender a usar o próprio corpo, ativando uma capacidade de ouvir e de capturar sua unidade por meio da qualidade tanto do que é percebido (os outros e o mundo) quanto de quem percebe (a si mesmo)[7].

Dessa forma, pretende-se transformar o difuso analfabetismo emotivo em alfabetização emocional. Mesmo os simples exercícios corporais já bastam: caminhar com atenção ao movimento no espaço, dar intencionalidade a um gesto..., perguntando-se, ao mesmo tempo, como nos sentimos naquele momento, quais emoções

---

1. Cf. Lapierre e Aucouturier, 1978.
2. Cf. Laban, 1999.
3. Cf. Lowen, 2008.
4. Cf. Gardner, 1995.
5. Cf. Goleman, 1997.
6. Cf. Garcia, Plevin e Macagno, 2006 [Disponível em www.movimentocreativo.it].
7. Cf. Irigaray, 1994, p. 51.

são experimentadas e assim por diante. Afiando-se a capacidade de ouvir, pode-se alcançar uma percepção sempre maior e sempre melhor das emoções em relação aos diversos acontecimentos: a contemplação de uma paisagem, o encontro com uma pessoa, um desafio a ser superado etc.

Trata-se de um trabalho de consciência por meio do uso do corpo, muito útil para retomarmos o leme de nossa vida, para sabermos aonde estamos indo, o que facilita nosso caminho e, ao contrário, o que o perturba.

Em suma, perceber, sentir e pensar através do corpo torna-se pressuposto de consciência e de afirmação autêntica de si.

O trabalho com o corpo é conectado com a formação de uma *cultura de gênero*. O corpo, de fato, pode fornecer ao educador a "matéria" com a qual consiga "brincar" criativamente sobre o masculino e o feminino.

A diferença de gêneros baseia-se no encontro, no confronto, na convivência da diversidade. Uma pedagogia orientada para a promoção da "cura das diferenças" deve saber superar uma tradição cultural que transformou o medo do desconhecido na desvalorização de quem é diferente de si mesmo. Historicamente, esse mecanismo assumiu formas diversas de recusa, preconceito, prevenção, que certamente podem ser incorporadas também à pouca valorização do gênero feminino[8].

Para afirmar uma *cultura de gênero*, é indispensável, portanto, superar um pensamento falsamente "neutro" – na realidade, masculino –, revelando as armadilhas sexistas, para alcançar o reconhecimento da diferença sexual vista como dimensão privilegiada da identidade humana.

> A criatividade, nesse quadro, presta-se como um modo de se colocar frente à realidade, com capacidade de transformar as figuras negativas com as quais a cultura ocidental marcou a experiência da diferença sexual – exatamente, a discriminação e a neutralização – por ocasião do enriquecimento pessoal e coletivo[9].

---

8. Cf. Gallelli, 1999, p. 121-122.

9. Ibid., p. 162.

Isso significa, principalmente, que a atenção pedagógica deve saber solicitar a reformulação de alguns conceitos: modelos culturais, convicções, preconceitos etc., para se demorar, particularmente, nas modalidades relacionais atualmente difusas entre os sexos (conhecimento, amizade, amor etc.). Trata-se de uma troca de perspectiva que é construída por meio de um constante e específico empenho pedagógico. A esperança é que se possa realizar um progressivo fenômeno de "contágio educativo" que envolva o contexto, as pessoas e a realidade adjacente.

Sem dúvida, para fazê-lo, não se pode permanecer preso às próprias "seguranças". O processo criativo pressupõe transformação, mudança, viver aquelas "etapas", aquele "fazer e refazer" contínuo, por meio de tentativas e erros, a fim de se identificarem percursos alternativos. Trata-se de permanecer aberto a experiências, de viver a dúvida e a incerteza como um desafio agradável e estimulante, de não ter medo do desconhecido.

Essa opção adotada baseia-se na consciência de que a criatividade é uma disposição presente em cada indivíduo, que se exprime em qualquer âmbito, desde o cotidiano até formas mais complexas e refinadas. É uma função do Eu que se serve do que já existe e está disponível para transformá-lo em modos imprevisíveis. Segundo Arieti,

> a criatividade é um dos meios principais pelos quais o ser humano livra-se das restrições não só de suas respostas condicionadas, mas também de suas escolhas habituais. A criatividade, todavia, não é simplesmente originalidade e liberdade ilimitada. Ela é muito mais complexa e também impõe restrições. Ainda que utilize métodos diversos daqueles do pensamento comum, ela não deve estar em desacordo com o pensamento comum, mas, antes, deve ser algo que, cedo ou tarde, o pensamento comum poderá compreender, aceitar e apreciar; caso contrário, o resultado seria bizarro, e não criativo[10].

---

10. Arieti, 1979, p. 24.

A sabedoria do corpo

O corpo é um lugar de aprendizagem. Isso significa que ele está no centro do processo de crescimento pessoal e é um veículo de transformações, inclusive culturais.

A esse propósito, Bourdieu sustenta que o corpo está na própria base da cultura, na medida em que os códigos culturais são introjetados em nosso ser por meio da elaboração implícita cumprida pelo corpo. Para Bourdieu, porém, existe um *décalage*, uma defasagem, entre o conhecimento por meio do corpo e o conhecimento intelectual. O intelectualismo ainda é tão dominante, que faz esquecer que o corpo tem sua lógica particular e sua própria capacidade de conhecimento. De fato, existem especificidades que lhe são características, como as formas de conhecimento que são o alicerce das relações entre os sexos ou dos comportamentos esportivos[11].

Se isso é verdade, é difícil compreender o porquê de nossa educação fazer de tudo para sufocar qualquer forma de experiência corporal. Desde os primeiros anos de escolarização, a criança sofre, tanto em casa como na escola, uma progressiva limitação de suas necessidades e de suas potencialidades sinestésicas. Ela é frequentemente considerada *bem-educada* justamente em virtude de sua capacidade de passar o maior tempo possível na imobilidade, talvez naqueles continentes estreitos e duros que são as carteiras das salas de aula ou em apertados quartos de apartamentos.

A atual civilização tecnológica fez com que se perdesse até mesmo o hábito dos jogos ao ar livre. Em nossas cidades, os espaços são

11. Cf. Bourdieu, 2003.

cada vez mais preenchidos por máquinas e cimento e, nos melhores casos, a irrefreável e "irritante" necessidade de se mover, típica das crianças, encontra saída em lugares predefinidos, como nos ginásios e nos campos esportivos. Deve-se notar que o corpo, nos lugares da formação, permanece sempre um objeto abstrato e invisível; um corpo considerado excluído porque tem pouco a dizer no processo de aprendizagem e, pelo contrário, é tido por obstáculo quando surge em sua vivacidade. Gamelli afirma que

> a referência ao corpo pode marcar a passagem de um modelo de conhecimento especulativo e abstrato para um caracterizado pela adesão participativa ao contexto; a superação da divisão entre teoria e prática a favor de uma visão integrada de uma "Teoria da Ação". O corpo conecta: reunifica o aqui e o agora, reatualizando experiências cujo significado já está presente na "sintaxe" de sua narração. [...] Para se fazer viver o corpo nas relações é necessário observá-lo e permitir-lhe agir. E, naturalmente, desenvolver um pensamento para compreendê-lo[12].

Sentir o corpo não é um cálculo deduzido: é o efeito de uma atenção e de uma preocupação consigo mesmo. É fruto de uma lenta construção que não deixa jamais de ser feita e que é sempre variável de acordo com as condições em que nos encontramos.

> Assim como, percebendo, construímos o mundo, do mesmo modo construímos o pedacinho de mundo que é o corpo; além disso, nossa imagem do corpo é sempre variável de acordo com as condições em que nos encontramos. As primeiras experiências infantis são importantes, mas não deixamos jamais de recolher experiências e, baseados nisso, de explorar e de modificar nossa imagem corporal[13].

Não temos um corpo, somos um corpo. Podemos dizer que o corpo é a pessoa. Essa elucidação torna-se necessária para se superar certo dualismo enganador e persistente (mente-corpo) que, a despeito das declarações contrárias, continua a condicionar a

12. Gamelli, 2005, p. 8-9.

13. VV.AA., 1998, p. 38.

imagem de si mesmo e a avaliação do comportamento. Somente afirmando a substancial unidade profunda de nosso ser, a qual evite divisões que vão além da mera distinção lógico-argumentativa, é que se pode garantir uma reviravolta propulsora do desenvolvimento humano.

A partir disso, pretende-se colocar a atençao na *sabedoria do corpo*, no que tange aos conteúdos da percepção, das emoções e da memória das vivências pessoais. Trata-se de uma "sabedoria" antiga, que pode surgir por meio de um trabalho pessoal de autoconsciência e reconhecimento das próprias vivências. Pelo envolver-se pessoal e pelo pôr em discussão pode-se ativar a atitude do "pesquisador" de si próprio, a qual pode ser desenvolvida em qualquer idade, com tempos e modalidades diferentes[14].

> Eu sou corpo e alma: assim fala a criança. E por que não se deve falar como as crianças? Mas o entendido e sábio diz: eu sou corpo em tudo e por tudo, nada mais; e alma não é nada além de uma palavra para indicar qualquer coisa do corpo. O corpo é uma grande razão, uma pluralidade com um só sentido, uma guerra e uma paz, um rebanho e um pastor. Instrumento de seu corpo é também sua pequena razão, caro irmão, que você chama de "espírito", um pequeno instrumento e um brinquedo de sua grande razão. [...] Por trás de seus pensamentos e sentimentos, caro irmão, está um potente soberano, um sábio desconhecido – que se chama "você mesmo". Habita em seu corpo, é seu corpo. Há mais razão em seu corpo que em sua melhor sabedoria[15].

Como nasce a "sabedoria" do corpo?

Por meio de sua rede de informações constituída por inúmeros sistemas de comunicação – como o cardiovascular, o respiratório, o muscular, o ósseo, o perceptivo –, o corpo torna-se um grande "sensor" que entra em constante relação com o mundo à sua volta, com os objetos, com as pessoas, com tantos estímulos externos que se seguem incessantemente a cada momento do dia, e "registra"

14. Cf. Diana, 2000, p. 2.

15. Nietzsche, 1968, p. 34-35.

tudo o que ocorre em torno de si, adquirindo uma preciosa bagagem de informações. Em outras palavras, o corpo aprende e memoriza. Ao mesmo tempo, é também capaz de comunicar por meio de sua forma, da mímica facial, do batimento acelerado do coração, de seu modo de se mover no espaço, de sua rigidez, de sua animação, de sua frieza..., reagindo aos estímulos externos e manifestando o mundo interior da pessoa. Logo, fala e responde.

Já no fim dos anos de 1960, Piaget, psicólogo e pedagogo suíço, em sua conhecida teoria sobre o desenvolvimento mental, distinguia no processo evolutivo da criança uma fase sensório-motora (do nascimento aos dois anos, aproximadamente) e uma fase das operações concretas (dos sete aos onze anos), no interior das quais os sentidos e as habilidades motoras assumiam um papel fundamental para explorar o mundo à sua volta e relacionar-se com ele. Dessas experiências corporais, na fase mais evoluída do ser humano, segundo o autor, nasce o pensamento lógico-formal[16].

A pesquisa científica daquele tempo já está muito evoluída, mas persiste a convicção de que a aprendizagem passa pelo corpo, na medida em que *uma pessoa é o próprio corpo* e não o possuidor do próprio corpo. A esse propósito, Jervis afirma:

> Entre os fundamentos da identidade da pessoa [...] está o fato de que qualquer um é definível como produto da própria vida até aquele momento. Esta nossa vida não abstrata, mas real, nossa vida, não é somente biografia social e construção de cultura e mundo de ideias: embora em primeiro lugar, e até muito fortemente, é história de um corpo, de ódios e desejos, de desencontros e amores, de sexo e doenças, de idiossincrasias e sofrimentos, de tudo o que nos legaram nossos pais quando nos conceberam, de como somos moldados pelas alegrias e pelos abandonos de nossa infância, de como todos os dias carregamos dentro de nós as contradições – e as riquezas – de sermos indivíduos passionais e carnais[17].

---

16. Cf. Piaget, 1967.

17. Jervis, 1997, p. 129.

Um processo de formação para a corporalidade necessita, por parte dos educadores, de atenta análise e reflexão sobre a "cultura do corpo" difundida hoje.

Do corpo negado ao corpo abusado

O corpo, por tantos séculos "negado"[18], é atualmente submetido ao mito narcisístico da beleza eterna e ao mito perfeccionista do total bem-estar. Apesar de não mais sofrer aquele tipo de "esquecimento cultural" de outros tempos, ainda se encontra condicionado por novos "vínculos", mas igualmente sufocantes. Para os educadores, é indispensável entender o que está acontecendo, assumindo-se a tarefa de compreender o fenômeno e de delinear os contornos, com a consciência de que estar ligado a certas ideias mitificadas induzidas pelo exterior leva a estarmos no mundo sem entender em que mundo estamos, a estranharmos a realidade e nos tornarmos espectadores da vida. Afirma Galimberti:

> À diferença das ideias que pensamos, os mitos são ideias que nos possuem e nos governam por meios que não são lógicos, mas psicológicos e, portanto, enraizados no fundo de nossa alma, onde a luz da razão também se esforça para alcançar seu raio. E isso porque os mitos são ideias simples que nos mitificam porque são cômodas, não causam problemas, facilitam o julgamento: em uma palavra, tranquilizam-nos[19].

O advento da televisão comercial deu início a uma transformação cultural que absorveu gerações de crianças, frequentemente junto a seus pais, convertendo suas vivências de experienciais em virtuais, dominados por uma fantasia de posse e onipotência consumista. A comunicação de massa tomou conta dos temas referentes à imagem corporal e à beleza, contribuindo para criar e difundir alguns estereótipos de corpo e imagem.

---

18. Primeiro Platão e depois Descartes decidiram decretar a separação do corpo e da alma, relegando-lhe existir para a ciência apenas enquanto objeto. Desde então, o saber sobre o corpo é visto em parcelas e forçado a dizer de si mesmo apenas como "cadáver" para a medicina, "animal" para a religião, "robô" para a economia, "direção" para a sexualidade (BAUDRILLARD, 1979).

19. Galimberti, 2009, p. 11.

Antes de tudo, examinemos as problemáticas relacionadas *à alimentação*. A cultura midiática enfatiza muito a difusão de mensagens, frequentemente contrastantes, a respeito dos temas do bem-estar, da saúde e do aspecto físico ideal. Se, de um lado, a publicidade e a televisão difundem como ideal uma imagem corporal magra e essencial para a mulher, tonificada e enxuta para o homem, tem sido dado, por outro, grande realce ao consumo de lanches, comidas prontas, confeitos industriais, alcoólicos, estimuladores por si sós de uma condição de sobrepeso.

Os sujeitos mais sensíveis a tal influência são as crianças e os jovens em geral.

Dados preocupantes, apresentados repetidamente nos últimos anos em congressos pediátricos, assinalam a emergência da obesidade infantil, que se conecta ao estilo de vida e a uma alimentação errada. De fato, demonstrou-se que existe uma relação de causa e efeito entre o tempo passado diante da televisão e o desenvolvimento da obesidade e que a catatonia televisiva produz não só o sobrepeso, mas também dificuldades de concentração, de utilização das próprias competências corpóreo-sinestésicas, espaciais e de tudo o que pertence à experiência corporal[20].

As patologias ligadas à desordem alimentar, como a anorexia, também podem ter origem em modalidades erradas de se relacionar com o próprio corpo. O fotógrafo Oliviero Toscani – comentando a morte da modelo a cuja imagem "inquietante" há alguns anos confiara uma campanha de sensibilização contra essa grave doença – afirma:

> A anorexia é o efeito de um modelo de vida social. É uma expressão moderna, uma das imagens de nosso tempo. A sociedade é anoréxica e a anorexia é uma condição humana, sobretudo feminina. Vivemos na realidade da aparência, do parecer, da aprovação: as mídias mostram e propõem uma mulher eternamente bela, jovem, eficiente, para as quais a beleza física resta agora como o único valor. [...] A anorexia me fere, as modelos que se deixam fotografar com roupas largas, com as maçãs do

---

20. Cf. Novara, 2006, p. 8-9.

> rosto à mostra, o olhar vidrado em revistas femininas me chateiam. É um modelo de vida alheio[21].

Do ponto de vista cultural, estamos diante de um dado que não mais se pode negligenciar. Como diz Galimberti:

> Ser gordo, em uma sociedade que prefere os magros, equivale a uma, mesmo que disfarçada, exclusão social. Por isso, todas as disciplinas que antes serviam para salvar a alma – mortificação, abstinência, jejum – foram reintroduzidas sob a forma de exercícios, dietas, moderação e comedimento, menos para garantir a saúde do corpo do que para salvar aquela identidade e aquela possibilidade de ser aceito e procurado, as quais a obesidade compromete. Verifica-se, portanto, uma perversa divisão entre o Eu e o corpo, uma tomada de distanciamento, uma coincidência perdida, quase como se o corpo fosse uma subjetividade outra que, tendo o poder de representar, deve ser embalada segundo modalidades que não respondem a suas próprias exigências, nem aos mecanismos de sua regulação fisiológica, mas àqueles ideais do Eu que quer ver-se espelhado fielmente no corpo que o exprime[22].

A isso se junta o "abuso" que a televisão e a publicidade fazem da *imagem do corpo*, sobretudo feminino, mas cada vez mais também masculino. Para conseguirem a atenção do público, despem o corpo, enfatizando muito as partes erógenas de maneira pruriginosa e vulgar. As mensagens que derivam disso redundam banais, fruto de uma criatividade demasiadamente descuidada, difundida entre aqueles que se ocupam da comunicação. Tal banalização não é, porém, para ser subestimada. Do ponto de vista educativo, é preocupante que a beleza, a juventude e a sexualidade sejam consideradas meros objetos de exibição.

Alguns adolescentes, sobretudo meninas, para imitarem tais modelos, utilizam certas roupas, certos cosméticos e certos penteados, tornando-se realmente um tipo de "apelo sexual" para

21. Pagani, 2010, p. 16.

22. Galimberti, 1996, p. 209.

o outro sexo[23]. Como que por brincadeira, expõem o próprio corpo, sem avaliar as consequências que poderiam advir desse comportamento.

Basta dar uma olhada à conhecida rede social Facebook, para se ter uma confirmação: nos perfis de tantas meninas estão frequentemente presentes fotos insinuantes, carregadas de exasperada sensualidade. Além disso, um tipo de boneca, atualmente muito em voga entre as meninas, também representa uma imagem de mulher com corpo provocante, lábios marcados e poucas roupas.

Parece que está em processo a dissolução do

> conceito de intimidade e, nessa perda, continua envolvido também o sentimento de pudor, "guarda-costas" da interioridade pessoal. Esse sentimento poder-se-ia definir como a capacidade de manifestar a própria intimidade a quem se deve e escondê-la, proibi-la aos outros, tanto nos pensamentos quanto nas palavras, nos gestos, no vestuário e é estreitamente ligado à consciência da importância de si mesmo[24].

Parece hoje que pudor e vergonha, estreitamente relacionados à intimidade, saíram de moda, substituídos pela ostentação dos sentimentos e dos corpos que degrada profundamente a essência da pessoa.

A sexualidade, como é conceituada nos dias de hoje, também requer uma atenção educativa particular. Das pesquisas mais recentes emerge esta situação:

> São apaixonados e tecnológicos, conhecedores da realidade virtual mais que de seus corpos. Navegam na rede como profissionais, mas no amor e no sexo improvisam e se arriscam. São os adolescentes italianos do novo século[25].

Atualmente, duas tendências opostas caracterizam a sexualidade: de um lado, um pensamento rígido que veta, impõe, nega;

---

23. Cf. Tassan, 2005, p. 156.

24. Dalla Valle, 1995, p. 23.

25. Pasolini, 2011.

de outro, um tipo de costume do "usar e descartar", em que o encontro sexual foi transformado em atividade agonística, símbolo de emancipação e de vigor.

A esse propósito, Marida Lombardo Pijola afirma:

> dessa geração, fruto de uma transformação fulmínea e surpreendente, ninguém ainda teve tempo de se concentrar nos contornos, de realizar e metabolizar a nova identidade. Uma geração igual apenas a si mesma e a nenhuma outra. [...] Seu Flautista de Hamelin tem sido a televisão, que multiplicou informações e estímulos, que espalhou o sexo e a violência, que os intoxicou com mensagens subliminares e obsessivas da publicidade, que divulgou os novos mitos de maneira indiscriminada: o jogador e a maria-chuteira, o maduro e a ninfeta, o atleta sem cérebro e a menina sem talento que conquista o sucesso em virtude de seus comportamentos transgressivos[26].

A iniciação sexual precoce, tão difundida atualmente, também merece uma reflexão pedagógica. As pesquisas mais recentes destacam, de fato, como isso é caracterizado, na maior parte dos casos, pelo desejo de "provar", de "experimentar", sem qualquer convicção e preparação.

É necessário que os educadores se perguntem para adquirirem competências específicas novas, partindo antes de tudo do conhecimento e da aceitação do próprio corpo e da própria sexualidade. Se, de um lado, torna-se necessário desvincular-se de uma atitude moralista e punitiva, é necessário, por outro, individualizar e definir os limites dos comportamentos. A condução de tal interação implica tomar de volta o sentido da regra que, bem longe de ser apenas uma proibição, deve assumir valor de prescrição, de guia, de ponto de referência, extremamente útil a quem necessite de apoio em fase de crescimento[27].

Torna-se, portanto, tarefa do educador apoiar o adolescente na aquisição de comportamentos sexuais conscientes, por meio de

---

26. Lombardo Pijola, 2007, p. 13-14.

27. Cf. Diana, 2005, p. 104.

um "acompanhamento crítico"[28] adequado a favorecer o desenvolvimento da pessoa para o que é destinada a ser. Favorecer na menina e no menino a consciência do próprio processo de crescimento sexual ajuda a orientá-los muito mais que oferecer soluções preestabelecidas. Mas para se fazer isso é necessário apropriar-se de uma capacidade de escuta baseada em abertura e empatia, a fim de se realizar um espaço de diálogo entre pessoas autênticas.

Outro fenômeno preocupante, que denota o abuso que esta cultura faz do corpo, é a maciça afirmação da *cirurgia estética*. Para se sentir realizado e feliz parece que se tornou indispensável possuir os requisitos "certos", os ditados pela cultura midiática. Naturalmente, trata-se de uma questão de "medidas": da cintura, dos seios, dos bíceps, do nariz, dos lábios...

Para se conseguirem determinados resultados, qualquer meio é consentido, inclusive a intervenção do bisturi ou a ingestão de substâncias anabolizantes, tudo para poder dar "uma reviravolta decisiva na própria vida". Parece que, de fato, tornou-se um costume entre as meninas ganhar, como presente de aniversário, seios novos, naturalmente com a aprovação dos pais.

Nesse contexto, uma das regras mais importantes é não envelhecer. Como êmulas de Dorian Gray, personagem nascida da pena de Wilde[29], iludem-se com poder alterar o progressivo processo de decadência física e entram em uma diabólica competição com a natureza por meio de diversas alquimias: cremes milagrosos, *lifting*, intervenções estéticas, aplicações de botox... Frequentemente os resultados são decepcionantes: transformam-se na terrível máscara de si próprias, com rostos de plástico inexpressivos e mortificantes.

Os sinais do envelhecimento, contudo, não são um drama para todos. Há, ainda, mulheres e homens para quem a passagem do tempo manifesta-se em seu caráter sagrado justamente na expressão do rosto, na forma de um corpo que envelhece. A esse propósito, são iluminadoras as palavras da grande Anna Magnani, que, dirigindo-se ao maquiador que queria lhe cobrir as rugas do rosto

28. Riva, 2009, p. 8.

29. Cf. Wilde, 1994.

antes da claquete, disse: "Deixe-me todas. Não me remova nem uma sequer. Levei uma vida para fazê-las!"[30] Essa frase emblemática propõe uma mudança de perspectiva que leva a reconsiderar o tempo como recurso, como expressão de uma sabedoria encarnada.

A *noção de esporte* também está sofrendo uma transformação: de ocasião de crescimento psicofísico tem se tornado um meio narcisístico de afirmação de si mesmo. O conceito de agonismo parece, de fato, ofuscado por uma competição exagerada, fundada na busca de notoriedade e dinheiro. Chegou-se ao ponto de alguns meninos, mitificando os campeões "de capa" tão populares em revistas, pretenderem praticar esporte não tanto para vencerem uma partida quanto para ficarem famosos.

A difusão, entre os profissionais e os amadores, do *doping* e de vários tipos de drogas está, de certa forma, relacionada. Parece que, para se alcançarem certos objetivos, a perseverança e o sacrifício de horas de treinamento estão fora de moda. Preferem alcançá-los artificialmente, de um modo rápido e eficaz, inclusive pondo em risco a saúde. Os casos noticiados, infelizmente não tão raros, são a confirmação desse costume, que está se difundindo também entre os chamados campeões.

O "mercado" de talentos esportivos, cada vez mais influenciado pelo carreirismo e pela corrupção, está enfraquecendo as qualidades educativas que sempre foram reconhecidas no esporte. Por meio deste, no entanto, é possível medir as próprias capacidades, submeter-se a uma disciplina, melhorar a própria atuação, aprender a estar com os outros em um clima de cooperação e respeito.

É também emergente entre os jovens, ligada ao "abuso" do corpo, a dependência, que, nos últimos tempos, não está relacionada somente ao álcool e às substâncias entorpecentes e que está adquirindo contornos cada vez mais amplos e imprecisos.

Pode-se descrever a dependência como um costume compulsivo acionado por forças que o indivíduo não consegue controlar, com consequências muito graves para a saúde.

---

30. Cf. o documentário de L. Zanardo: *O corpo das mulheres* [Disponível em www.ilcorpodelledonne.net].

Como afirma Furedi:

> atualmente, a gama de fatores biológicos que podem provocar comportamentos compulsivos foi enormemente ampliada, mas – fator ainda mais significativo – alterou-se o próprio significado de vício. A maior parte das formas de dependência descobertas recentemente (síndrome de dependência da internet ou de jogos de azar, *work, alcoholism*, compulsão por compras, *sex addiction*, codependência) não tem uma base biológica. São dependências de cunho emotivo. [...] A ideia de vulnerabilidade é sempre presente e é normal pensar não conseguir exercitar o controle sobre vastos setores de nossa existência. É uma visão limitante, que convida a uma interpretação fatalística do comportamento e ao abandono da ideia de responsabilidade[31].

À luz do que foi ilustrado até aqui, fica evidente como a pré-adolescência e a adolescência podem apresentar-se como "regiões de fronteira" misteriosas e desconhecidas, condicionadas por poucas certezas e por tamanha complexidade.

A esse respeito, afirma Novara:

> Penso, agora, em nossos adolescentes como novos bárbaros chegados a uma terra desconhecida, estranhos a quem os observa sem compreender-lhes a natureza, em uma sociedade que os vê, mas não os reconhece, teme-os porque diferentes, incapaz de levá-los em consideração. Bárbaros privados de cidadania própria e sem um inimigo para combater. Hordas de nômades (ou exilados?), com a intenção mais de se autodestruírem que de destruírem, camuflam-se aparentemente indiferentes a um contexto que os evita, demasiadamente frágeis para combaterem por seus direitos e conquistarem sua terra[32].

Adultos, pais, professores, educadores em geral se esforçam para administrar uma relação educativa, porém, muito frequentemente, percebem-se incapazes e impotentes frente a tantas ur-

---

31. Furedi, 2005, p. 149-150.

32. Novara, 2009, p. 46.

gências impostas pelas novas gerações. Muitas vezes habita neles a ideia de que "não podemos fazer nada" e isso influencia, negativamente, a assumir problemas e responsabilidades compartilhados.

Mas qual educação pode ser eficaz para os jovens de hoje?

Certamente, intervenções educativas episódicas e ditadas pela boa vontade de cada um não podem afetar muito. A esperança é de que se possa iniciar uma ação educativa sinérgica consciente e eficaz.

Para Duccio Demetrio, "a educação não é finita", talvez esteja "oculta justamente onde não a queremos ver". Para isso pergunta-se "se, sob tal ênfase que destaca o papel da educação, não haveria talvez um vazio de ideias e princípios; se não se deveria, então, revigorá-la com os fatos, nutrindo e corroborando com a força de alguma ideia"[33].

Trabalhar sobre o corpo e com o corpo pode representar uma ideia "nova" capaz, talvez, de devolver vigor à educação.

---

33. Demetrio, 2009, p. 12.

Sugestões para o formador

As atividades propostas, como o próprio grupo a que elas são destinadas, são instrumentos relacionais, não rígidas "ferramentas" mecânicas. À diferença de um torquês que permanece sempre o mesmo ainda que utilizado por mãos diferentes, as atividades e o grupo podem modificar-se nas mãos de quem as rege; a eficácia da ação e a conquista do objetivo proposto poderiam estar fortemente comprometidas. Isso exige uma adequada capacidade de condução e a consciência do sentido correto de responsabilidade para quem quer experimentar-se na programação de um ciclo formativo que pretenda servir-se de propostas operacionais controladas.

Na sequência, são apresentados alguns princípios que podem orientar e, ao mesmo tempo, encorajar o líder educacional:

- cuidar do lugar onde se trabalha, tornando-o organizado e, quanto possível, acolhedor;
- fazer com que o espaço seja suficiente para o desenvolvimento das atividades, sobretudo para as de movimento;
- ter objetivos claros, voltados às necessidades formativas;
- organizar o trabalho antes de iniciar a atividade: a iniciativa do formador é uma garantia de sucesso;
- não se preocupar se, às vezes, os programas são suspensos: enfrentam-se e se comunicam os imprevistos;
- estabelecer um tempo preciso para as ações. Isso ajudará a controlar o grupo e a conquistar melhor os objetivos;
- dar atenção tanto a cada um quanto ao grupo todo, monitorando as dinâmicas relacionais e intervindo quando necessário;

- introduzir as atividades por meio de explicações sintéticas, mas eficazes, que não deem por conhecido o significado das palavras;
- intervir nos debates, sem monopolizá-los, facilita a troca de ideias e estimula quem não consegue falar;
- ouvir o que os outros dizem, sem julgar e sem supor que é dono da verdade;
- não ter a pretensão de que, ao fim, todos devem pensar como ele, acolhendo a diversidade;
- ter em mente que os valores não se ensinam, mas se demonstram;
- não ter medo de errar; até mesmo os erros são parte do percurso e são sempre reversíveis;
- não utilizar este manual de maneira rígida, mas considerá-lo apenas um instrumento à disposição: transformar, acrescentar e eliminar abrem espaço para a criatividade e a fantasia do formador.

Bom trabalho!

Atividades

Índice das atividades

Explorando paisagens

O aspecto de um pedaço de pão depende da fome de quem o possui.
Rumi

O ponto de partida de um percurso educativo voltado para a corporalidade é o conhecimento do espaço.

Cada um tem "seu próprio" espaço, no interior do qual se coloca no mundo entrando em relação com os outros e com a realidade ao redor. Trata-se de um espaço externo, feito de lugares, pessoas, objetos, vinculado à percepção sensorial e, por isso, mais facilmente detectável, além de um espaço interno, feito de sensações, percepções, emoções, fruto dos mecanismos interiores e, certamente, mais difícil de reconhecer.

Torna-se, portanto, necessário dar atenção a si próprio, ao relacionamento que se cria entre pessoas e coisas, às sensações e às emoções que dele derivam. Mover-se no espaço com consciência significa ser capaz de escolher onde estar, de decidir "o próprio espaço", tanto do ponto de vista físico quanto do emotivo. Por exemplo, às vezes, em situações tranquilas e agradáveis, queremos "proximidade"; mas, outras vezes, sentimos a necessidade de manter "distância" para nos protegermos de circunstâncias ameaçadoras ou prejudiciais.

Saber onde é melhor estar não é sempre fácil, tantas são as interferências que podem nos condicionar, possivelmente a influência dos outros e das circunstâncias externas. Ainda mais restritivos são aqueles "rumores internos", alimentados por medos, ou os automatismos inconscientes que frequentemente paralisam e não permitem haver lucidez nas escolhas. Quando nos encontramos em momentos semelhantes, temos a sensação de estar "à deriva no mar", quase arrastados pela sucessão dos acontecimentos, incapazes de dominar o rumo de nossas vidas.

Compreendendo concretamente a dimensão corporal do espaço é possível aprender a "posicionar-se" de maneira consciente dentro de um determinado contexto.

As perguntas a serem colocadas podem ser: "Onde estou?", "O que há à minha volta?", "Quais relações me ligam a pessoas e objetos próximos e distantes?", "Por que estou aqui?" Esse é um modo de cuidar de si mesmo, fazendo escolhas com responsabilidade e com base nas próprias necessidades, realizando contínuos ajustes de acordo com as necessidades do momento.

Atualmente, a dimensão espacial deve competir também com a realidade virtual, sobretudo no mundo dos pré-adolescentes e dos adolescentes. De fato, a tecnologia tornou-se extensão da pessoa e pode assumir as formas de um corpo que, artificial, tem se confundido com o real.

Este capítulo propõe um percurso que tem como último objetivo a "autoafirmação de si". Se tal aquisição é fundamental em qualquer idade, ela o é ainda mais para os que atravessam a fase de passagem da infância para a vida adulta. Com efeito, é deles a árdua tarefa de se tornar "proprietários" de seu próprio corpo e de conquistar sua própria identidade.

Exploramos, portanto, a dimensão corporal do espaço, por meio de um repertório de atividades com a finalidade de fazer os jovens mais conscientes do próprio modo de *ser no mundo*.

Os âmbitos de investigação identificados são: "eu e o espaço" e "espaço de relações".

Eu e o espaço

> O corpo humano é totalmente orientado sobre si mesmo. Está livre no espaço. Sua única fonte, se podemos dizer assim, é seu ambiente, a esfera espacial que o circunda e dentro da qual pode expandir-se com seus membros[34].

---

34. García, Plevin e Macagno. Op. cit., p. 60.

Por meio de dinâmicas e exercícios, qualquer participante poderá experimentar o "espaço" e o vincular à própria experiência de vida. Desse modo, poderá tomar consciência do "onde", mas também do "como" está no mundo. A postura, o movimento, a proxêmica, a posição do corpo no espaço (proximidade e distanciamento espacial), a eutonia[35] (tônus, hipertônus, hipotônus), a respiração: são todos indicadores do próprio modo de ser e de se manifestar como pessoa. Por exemplo, o uso de um espaço marginal, limitado e periférico, denota certa dificuldade na afirmação de si mesmo ou um temor de exercer o poder pessoal; já o uso de um espaço predominante, ampliado e central, manifesta uma capacidade de se impor ao exterior e de se tomar o próprio espaço pessoal.

Por meio da decodificação dos sinais corporais os educadores podem obter muitas informações, uma vez que, como sustenta Watzlawick[36], não é possível não se comunicar. Seguramente, a leitura dos comportamentos individuais requer mais elementos. De qualquer maneira, as indicações que podem resultar dessas atividades são sinais importantes, que devem ser contextualizados e aprofundados. No espaço, qualquer participante pode brincar com o corpo para descobrir o próprio estilo de movimento e a própria capacidade de vivenciar o espaço. Por meio dessa dinâmica, pode chegar a compreender onde fica melhor, a se perguntar quais sensações experimenta, a questionar-se sobre o significado das emoções percebidas, agradáveis ou desagradáveis.

Em um caminho de reapropriação do espaço pessoal é importante facilitar o contato com a falta, a ausência, a perda, para se aprender a lidar também com essas emoções. Os jovens, geralmente sempre cheios de coisas para fazer, poderão assim aprender a "ficar" no desconforto, na incerteza, mas talvez a se abrir para novas possibilidades.

---

35. Eutonia: condição de equilíbrio psicofísico do indivíduo, caracterizada por um estado de normalidade do tônus neuromuscular e obtida com a aplicação de técnicas de concentração mental e de relaxamento.

36. Cf. Watzlawick, Beavin e Jackson, 1967.

Espaço de relações

Depois de reconhecido o campo pessoal de ação e as qualidades do próprio espaço, pode-se encontrar também o espaço do outro. As atividades propostas têm a intenção de criar os pressupostos, de modo que o espaço possa tornar-se "lugar" de uma relação entre pessoas.

> O convite é para observar quais efeitos a "relação entre corpos" produz na comunicação. O conhecimento começa de "si mesmos", que são precisamente dois extremos, porque o conhecimento de si nasce sempre do encontro com o outro[37].

Os participantes das atividades poderão experimentar alguns exercícios corporais baseados em algumas coordenadas espaciais – proximidade/distanciamento, contato/separação, unidade/fragmentação – para experimentarem o próprio espaço em relação com o do outro e compreenderem que cada indivíduo sempre faz parte de um todo.

Não é sempre fácil alcançar esses objetivos. Tais atividades podem resultar em alguns mecanismos de desconfiança ou rejeição. O educador, tendo consciência disso, deve saber construir um clima de confiança, na aceitação dos limites e das necessidades individuais.

---

37. Gamelli. Op. cit., p. 17.

1 Big-bang

Objetivo

Trata-se de uma dinâmica inspirada no surgimento do Universo, de acordo com o modelo do *Big-bang*. A ciência nos diz que, no princípio, um gás muito quente, acelerando e se expandindo, explodiu e disseminou à sua volta inúmeras partículas elementares. Dessa explosão e das sucessivas ligações entre as tais partículas tiveram origem o hidrogênio, o hélio, as galáxias, a Via Láctea, o Sol, a Terra, a ameba, os seres vivos, todo o Universo. Aquele momento assinalou o início da vida, com o qual até hoje, depois de quinze bilhões de anos, todo ser animado e inanimado ocupa um espaço definido. A atividade pretende fazer com que aquele momento extraordinário seja revivido pelos participantes.

Apresentação e desenvolvimento

O moderador convida os participantes a caminhar pela sala. Depois de alguns minutos, pede que parem e se identifiquem na atmosfera evocada pelo fragmento que irá ler, cujo título é "Tudo em um ponto", extraído do livro *As cosmicômicas*, de Italo Calvino.

> Por meio dos cálculos iniciados por Edwin P. Hubble sobre a velocidade de afastamento das galáxias, pode-se estabelecer o momento em que toda a matéria do Universo estava concentrada em um único ponto, antes de começar a expandir-se no espaço. A "grande explosão" (*Big-bang*) de que se originou o Universo teria ocorrido há cerca de quinze ou vinte bilhões de anos.
>
> Compreende-se que tudo estava ali – disse o velho Qfwfq –, e onde mais? Ninguém sabia ainda que pudesse existir o espaço. E o tempo, idem: o que vocês queriam que nós fizéssemos do tempo, estando ali espremidos como anchovas?
>
> Disse "espremidos como anchovas" somente para usar uma imagem literária: na realidade, não havia espaço nem mesmo para nos espremer. Cada ponto de cada um de nós coincidia, com cada ponto de cada um dos outros, em um único ponto que era aquele no qual está-

> vamos todos. Em suma, nem mesmo nos incomodávamos uns aos outros, a não ser no que tange ao caráter, porque, quando não há espaço, ter sempre entre os pés alguém tão antipático quanto o senhor Pbert Pbertd é a coisa desagradável.
> Éramos quantos? Bem, nunca pude me dar conta nem mesmo aproximadamente. Para podermos contar devemos nos separar, ao menos um pouquinho, uns dos outros, enquanto todos ocupávamos aquele mesmo ponto. Ao contrário do que pode parecer, não era uma situação que favorecesse a sociabilidade; sei, por exemplo, que os vizinhos costumavam se visitar em outras épocas; ali, em vez disso, como todos nós éramos vizinhos, não costumávamos dizer nem bom dia nem boa noite. [...] O ponto que continha [...] a nós todos expandia-se em um feixe de distâncias de anos-luz e séculos-luz e milhares de milênios-luz e nós éramos lançados aos quatro cantos do universo [...] dando início ao conceito de espaço e ao espaço propriamente dito e ao tempo e à gravitação universal e ao universo gravitante, tornando possível milhares de milhares de sóis e de planetas[38].

Terminada a leitura, o moderador convida à encenação do *Big-bang* com que teve início a vida. Cada um dos participantes deverá transformar-se em uma partícula elementar e reagrupar-se em um único ponto da sala, assim como descrito no fragmento. Explica, então, que é exatamente ali que se concentra a energia do universo, a qual mais cedo ou mais tarde provocará a explosão. Ajudando com palmas ou com o som de um tambor, o moderador marca um ritmo acelerado, durante o qual cada participante deverá aproximar-se de outro, cada vez mais, até o limite das possibilidades. Ao PARAR, todos permanecerão firmes e imóveis, uns próximos aos outros. Depois de alguns minutos, inicia a contagem regressiva, ao final da qual o moderador dará o comando de desfazer o grupo e de que cada uma das partículas "exploda" e, repentinamente, tome um lugar na sala. Ao MOVER, todos se

---

38. Calvino, 1988, p. 53-57. [Versão em português: *As cosmicômicas*. São Paulo: Companhia das Letras, 1994 [Trad. de Ivo Barroso] [O trecho em questão está entre as páginas 45-46 e 49-50].

moverão ao mesmo tempo e, ao PARAR, ficarão parados no ponto escolhido anteriormente, permanecendo imóveis como estátuas. Nesse ponto dentro do espaço-universo, o corpo de cada um dos participantes dará forma, sob indicações do moderador, a estrelas, planetas, constelações, galáxias etc. dando início à vida.

O *debriefing*

- Como você se sentiu transformado em partícula de matéria perdida no Universo?
- E quando você estava colado a seus companheiros em um ponto da sala?
- Você sentiu a explosão à sua volta?
- Como você imagina o *Big-bang*?
- O que é o espaço? Tente defini-lo em poucas palavras.

2 Quantos espaços você tem?

Objetivo

A atividade visa desenvolver a capacidade de observar, de olhar deliberadamente ao redor, para entrar em contato com as tantas formas de "espaço" presentes na vida de cada pessoa. Por meio de uma dinâmica de movimento, descobriremos quanto o espaço é multiforme e como ele muda de acordo com os vários pontos de vista.

Materiais

Folhas de papel; canetas.

Apresentação e desenvolvimento

O moderador pede a cada participante que escolha um lugar na sala, fique parado e feche os olhos. A um sinal preestabelecido, dá o comando de abrirem os olhos e observarem por alguns minutos o que se encontra em volta, focalizando e memorizando o máximo possível dos detalhes (a cor de uma parede, a forma de uma cadeira, a posição de um enfeite etc.). Ao PARAR, convida os participantes a mudarem de lugar na sala. As indicações dadas anteriormente serão repetidas mais de uma vez, com o intuito de fazê-los mudar de lugar na sala e observar o que ela contém desde diferentes pontos de vista. Ao fim, o moderador pede a cada um dos participantes que escreva em uma folha o que havia observado, iniciando pela frase "A partir do ponto..., eu...". Decorrido um tempo já preestabelecido (p. ex., 15 minutos), convida todos a formarem subgrupos de não mais que 4 ou 5 pessoas, para lerem e comentarem o que haviam escrito.

O *debriefing*

- O que há à sua volta?
- O que acontece quando você muda de lugar na sala?
- Quantos espaços você tem? São muitos ou poucos? São iguais ou diferentes?
- Você gostaria de modificar seu espaço? Se sim, de que modo?
- O que significa "ter diferentes pontos de vista"?

3 Um espaço para...

Objetivo

Um espaço pode assumir qualidades diversas, pode ser confortável, apertado, acolhedor... conforme forem as circunstâncias e as situações. Se, por exemplo, um espaço ajuda a relaxar, ele será entendido como confortável. O aproveitamento do espaço depende, de qualquer forma, da disposição individual. Esta atividade tem o intuito de aumentar a consciência de tal sutil dinâmica, que é influenciada pelas experiências emotivas de bem-estar e mal-estar.

Materiais

Uma folha e uma caneta para cada participante.

Apresentação e desenvolvimento

O moderador, para introduzir a atividade, faz a cada um dos participantes a seguinte pergunta: "Que qualidade tem o espaço?" Para isso, propõe que imaginem o dever de executar algumas ações dentro de um espaço de tempo definido. Para cada uma delas pede que escrevam três qualidades. Por exemplo, um espaço para brincar: alegre, criativo, receptivo. E ainda um espaço para sonhar, discutir, estudar, fazer amigos, falar dos próprios segredos, enfrentar perigos etc., cada um dos quais terá três qualidades associadas. Ao fim, o moderador convida os participantes a lerem, um de cada vez, partes do próprio exercício. Então, dá início a uma reflexão coletiva sobre o quão importante é compreender que um lugar – isto é, um espaço – adquire qualidades de acordo com momentos e sensações experimentados em seu interior. O espaço, assim, poderá tornar-se um lugar onde se pode estar bem ou mal. Essa "coloração emotiva" depende de cada indivíduo, que deve reconhecê-la de forma responsável.

O *debriefing*

• Já lhe aconteceu de relembrar um lugar – isto é, um espaço – e sentir uma emoção?

• Se sim, você poderia contar? Quais características tinha aquele lugar?

• Dentre os "espaços" descritos no exercício, qual é o que mais lhe agrada? Por quê?

• E qual é o que menos lhe agrada? Por quê?

• O que você faz quando não gosta de estar em um lugar?

4 Organizemos nosso espaço

Objetivo

De que maneira organizamos nosso espaço? Somos organizados ou desorganizados? A ordem é o alinhamento, a simetria, o agrupamento por categorias (cores, formas, funções etc.). A desordem é o "acúmulo", a mistura, o caos, a dispersão, o espalhamento aleatório etc. Quem é organizado prefere classificar as coisas e saber, exatamente, onde foram colocadas. Quem é desorganizado exige que se encontre de imediato aquilo de que precisa. A ordem subentende a regra e, assim, a necessidade de dar uma forma precisa, de controlar, de compreender e ser compreendido, de sentir-se seguro. Por outro lado, a desordem responde à função de desajustamento dos modelos impostos, das proibições, da organização estabelecida, para novas experimentações. Esta atividade oferece a possibilidade de fazer comparações e refletir sobre os dois modos de se organizar o próprio espaço. Talvez se descubra que, não exagerados, ambos podem ser úteis ao desenvolvimento harmônico da pessoa.

Materiais

Uma cartolina.

Apresentação e desenvolvimento

O moderador explica que os conceitos de ordem e desordem são estritamente ligados à dimensão do espaço na medida em que constroem dois modos diversos de administrá-lo. Para enfrentar esse argumento, lê o seguinte fragmento:

> No passado, como muitos adolescentes, eu tinha um quarto muito desorganizado e era continuamente repreendido por minha mãe: "Mas é possível – dizia ela – que este quarto se transforme sempre em um campo de batalha!". Naquela época, sempre tinha alguma coisa melhor para fazer do que limpar e reorganizar; no entanto não posso dizer que gostava de viver na desordem. Mas, certamente, não me incomodava tanto, a ponto de justificar o esforço de pôr tudo em ordem.

> Agora que sou maior, em comparação com o passado, tento ser mais organizado, mas isso requer de mim um esforço contínuo. Quando meu quarto não está "cuidado" por si mesmo e abandonado a si mesmo, vítima de minha preguiça, ele tende à entropia e retoma o aspecto do "campo de batalha" de minha adolescência.
> Não escondo que, às vezes, experimento uma sensação de prazer e liberdade quando o deixo, irremediavelmente, caminhar para o caos. Acho que, somente quando nos sentimos verdadeiramente livres para fazer o que queremos, conseguimos nos tornar criativos.
> Há, porém, momentos em que me vem uma vontade de ficar em casa para "pôr ordem". Essa necessidade não é tão ditada por um fato puramente estético quanto por uma necessidade minha de parar para fazer um balanço de minha vida. É uma sensação belíssima: jogar fora o que se tornou supérfluo e conservar o que está de verdade em meu coração! Isso me ajuda a deixar de lado situações jamais finalizadas e iniciar algumas novas.

Ao final da leitura, o moderador apresenta aos participantes uma cartolina em que está escrito: ORDEM É e DESORDEM É. Os participantes deverão, com a técnica do *brainstorming*[39], coletar muitas ideias, definições e experiências para as comentarem em grupos assim que tiverem terminado de escrever.

O *debriefing*

- Você se considera organizado ou desorganizado?
- Que julgamento você dá de si mesmo a esse respeito?
- O que os outros dizem a você a esse respeito, sobretudo seus pais?
- Você gostaria de mudar seu modo de administrar os objetos e os espaços? Por quê?
- Imagine seu quarto muito desorganizado / Imagine seu quarto muito organizado: O que muda?

---

39. O *brainstorming* (literalmente, tempestade do cérebro) é uma técnica de criatividade em grupo para se fazer virem à tona ideias voltadas à resolução de um problema. Em síntese, consiste em cada integrante – dado um problema – propor, livremente, soluções de qualquer tipo (até mesmo esquisitas ou sem muito sentido aparente), sem que qualquer uma delas seja censurada. A crítica e a eventual seleção serão interpostas somente em um segundo momento, quando a sessão de *brainstorming* já terminou.

5 Faça "corpo local"

Objetivo

Por meio dos cinco sentidos, o ser humano aprende a "sentir" e a tomar consciência de si mesmo e do mundo exterior. Já nos primeiros anos de vida é capaz de se conectar com o próprio espaço interior e exterior utilizando seu corpo, suas mãos, suas pernas, sua boca etc. e de conseguir informações por meio de seus movimentos. O objetivo desta atividade é o de retomar aquela capacidade "antiga", a fim de se desenvolver uma consciência de cinestesia. Por meio do corpo, pode-se aprender a escolher que direção tomar, que limite dar a si mesmo, que percurso seguir ou modificar. Tornando-se consciente dos próprios movimentos, pode-se adquirir um maior controle de si, além da capacidade de governar a própria vida. É essa uma possível estrada para a autonomia.

Apresentação e desenvolvimento

Antes de começar esta atividade, o moderador faz uma discussão sobre o significado de "sentir" o corpo. Para fazer com que isso seja melhor entendido dá como sugestão prestar atenção não no exterior (colegas, quarto, barulhos etc.), mas no interior do próprio corpo (respiração, batimentos cardíacos etc.). Propõe, então, um simples exercício: convida os participantes a ficarem de pé, a permanecerem parados e em silêncio, a apoiarem uma mão no peito; então, pede que entrem em contato por alguns minutos com o ritmo da respiração, com a inspiração e a expiração. Para favorecer a escuta, procurará criar um clima de silêncio, considerando que não é igualmente fácil para todos "sentir" imediatamente o corpo.

Em seguida, inicia a atividade conforme esta sequência:

- indica um movimento específico;
- pede aos participantes que o executem;
- pede que fiquem parados por alguns minutos e se concentrem nas sensações experimentadas corporalmente;
- propõe outro movimento, e assim por diante.

Movimentos a serem executados:

- caminhar seguindo um percurso retilíneo;
- mover-se, com sobressaltos, mudando subitamente de direção;
- ir na direção de um objeto;
- distanciar-se dos outros;
- permanecer imóvel por alguns minutos;
- mover-se continuamente entre dois pontos fixos da sala.

Para cada movimento executado, o moderador dirá a frase "O que acontece dentro de você?", convidando os participantes a prestarem atenção nas sensações experimentadas.

O *debriefing*

- Você gostou da dinâmica? Por quê?
- Você se sentiu desinibido ou envergonhado durante os vários movimentos? Por que motivo?
- É sempre assim na sua experiência cotidiana?
- Foi fácil ou difícil "sentir" seu próprio corpo?
- O que você aprendeu com essa experiência?

6 Espaço fechado, espaço aberto

Objetivo

As ideias de espaço aberto e de espaço fechado podem, ambas, ser relacionadas com a afetividade. Por elas, de fato, podem ser traçados dois estados de ânimo distintos: sentir-se "aberto aos outros" e sentir-se "fechado e voltado para si mesmo". As duas sensações, entendidas assim, podem caracterizar o espaço de relações, aquele em que é possível encontrar o outro. O espaço aberto pode evocar a facilidade de comunicar, a liberdade de fazer crescer um relacionamento, mas também pode reconduzir a uma sensação de vazio, de perda, muitas vezes prenúncio de solidão e de desconforto. O espaço fechado, por outro lado, pode ser relacionado com a constrição e o sufocamento, muitas vezes causas de mal-estar nos relacionamentos, mas também pode tornar-se segurança e proteção, dentro de uma relação de intimidade. Esta atividade pretende explorar essas experiências tão diferentes.

Materiais

Um novelo de lã – de aproximadamente cinco metros e de cores diversas – para cada um dos participantes; duas folhas A4 brancas para cada um dos participantes; gizes de cera coloridos.

Apresentação e desenvolvimento

No começo da dinâmica o moderador convida cada um dos participantes a pegar um novelo, desfazê-lo e criar com o fio de lã um círculo no chão. Então, pede que se posicionem no interior do círculo e olhem em volta. Assim, a sala tornou-se o "continente" dos espaços individuais, fechados, visíveis pelos diferentes círculos coloridos. Depois de alguns minutos, distribui uma folha e um giz de cera a cada um dos participantes e lhes pede que desenhem o espaço construído há pouco. Para facilitar o exercício, formula algumas perguntas: "Como é seu espaço?", "Qual é a cor dele?", "Você consegue descrevê-lo com três palavras?", "Como você se sente dentro dele?". Ao final, depois de ter recolhido os desenhos, pede a cada participante que abra o próprio fio de lã e o posicione, no chão, como um semicírculo. Agora, convida-os a entrarem no espaço delimitado pelo fio de lã e a saírem dele para visitar os espaços dos colegas vizinhos. Distribui, então, a segunda folha e lhes pede que desenhem o novo espaço. De novo, procurará facilitar o exercício fazendo as seguintes perguntas: "O que mudou de antes para agora?", "Qual é a cor de seu espaço agora?", "Você consegue descrevê-lo com três palavras?", "Você gosta mais ou menos desse espaço de agora?". Depois de ter recolhido a segunda folha, o moderador separa no chão dois grupos de desenhos: de um lado, os relativos ao espaço fechado; de outro lado, os relativos ao espaço aberto. Ao acaso, pega um desenho do primeiro grupo e um do segundo grupo e convida seus autores a explicarem o desenho em voz alta. Repete o mesmo procedimento tanto quanto achar necessário, tomando o cuidado de, todas as vezes, estimular a discussão.

O *debriefing*

• Como é um espaço fechado? Como é um espaço aberto?

• Em qual das duas formas de espaço você se sente mais confortável?

• Você sentiu desconforto durante a dinâmica? Por quê?

• Foi fácil para você encontrar seus colegas? O que aconteceu?

• Que espaço você gostaria de ter em casa? E na escola? E com seus amigos?

7 Espaço virtual

Objetivo

O computador tornou-se um dos instrumentos por meio dos quais é possível satisfazer nossas curiosidades e buscar novas emoções. São muitos os adolescentes que, com esse instrumento, frequentam um mundo virtual que lhes permite sociabilizar e fazer amizades, como, por exemplo, pela rede social Facebook. Certamente se trata de uma preciosa oportunidade que permite adquirir conhecimento e habilidades novas. O uso excessivo de tais meios de comunicação, no entanto, carrega em si uma consequência preocupante: a desmaterialização e a privação do componente físico. Parece que está ganhando espaço entre as novas gerações a convicção de que se pode menosprezar o corpo na comunicação, a tal ponto que a característica típica do novo código de relacionamento está se tornando o "não ser". Trata-se de uma dimensão comunicativa virtual que, muitas vezes, esconde a timidez, a incapacidade, o medo ou, simplesmente, um débil costume de contato direto com outras pessoas. Esta atividade pretende levantar a questão, a fim de estimular uma troca de experiências e uma reflexão compartilhada.

Materiais

Uma folha e uma caneta para cada um dos participantes.

Apresentação e desenvolvimento

O moderador, depois de ter distribuído o material a cada um dos participantes, introduz a atividade apresentando uma cartolina com uma história que lerá em voz alta.

> João Lucas tira fotos continuamente, não porque tem o desejo de se tornar fotógrafo, mas porque as quer pôr no Facebook e compartilhar com os quinhentos e cinquenta amigos conseguidos em quatro meses. João Lucas tem treze anos e, há pouco tempo, entrou para a rede social com a ajuda do primo de quinze anos.

> Na escola, fica distraído e, sobretudo, timidíssimo. Na internet, porém, protegido pelo monitor, ele se libera, publica piadas, provocações e fotografias, tem muitos contatos, os "amigos", que o aterrorizam na vida cotidiana. Sua vida tem se tornado uma verdadeira vida dupla. A real: uma agenda apertada apinhada de compromissos, como academia, inglês e violão, mas nunca com um amigo em casa ou na rua. A virtual: horas a fio passadas para atualizar o perfil, publicar e bater papo, assim que se livra das outras atividades. Seu espaço pessoal é sempre preenchido por...

A história é interrompida. O moderador, sem acrescentar mais nada, convida os participantes a pegarem uma folha e uma caneta para terminarem a história em sete ou oito minutos, no máximo. Enquanto isso, cada um deverá trabalhar individualmente escrevendo tudo o que vier à mente, sem tirar em momento algum a caneta do papel. Acabado o tempo, cada um a sua vez, os participantes lerão a própria conclusão e, quando todos tiverem terminado, votarão naquela de que gostaram mais e que será transcrita na cartolina para se completar a história.

O *debriefing*

- Você também acaba se comportando como o protagonista?
- Quanto tempo por dia você passa em frente ao computador? Para fazer o quê?
- O que quer dizer "espaço virtual"?
- Você tem amigos com quem passa o tempo?
- Se sim, o que você gosta de fazer com eles?

8 Um vazio para preencher

Objetivo

Muitas vezes os pré-adolescentes e os adolescentes, imitando os adultos, determinam sua agenda com uma série impressionante de compromissos. Terminados esses compromissos, passam diretamente a alguma rede social para encherem os espaços restantes à disposição. Talvez isso dependa do fato de que "não saber o que fazer" é para eles ausência, tédio, inércia, silêncio, solidão. Muitos sentem-se incomodados ou, até mesmo, amedrontados e, por isso, fogem de tais situações. Esta atividade quer fazer com que experimentem "o vazio" não como falta, mas como possibilidade. Um espaço vazio, de fato, também é um lugar onde podem estar consigo mesmos, para criarem e imaginarem, para ativarem sua fantasia, para lerem um bom livro: em suma, para abrirem espaço a um mundo interior frequentemente abatido pela agitação.

Materiais

Uma embalagem grande; objetos de vários tipos; uma cartolina.

Apresentação e desenvolvimento

O moderador coloca no centro da sala uma embalagem grande e vazia (p. ex., uma caixa grande, uma mala etc.). Pede aos participantes que procurem muitos objetos, o mais variados possível, e que os ponham dentro da embalagem. Ao final disso, convida todos a se sentarem em um círculo em volta da embalagem e a dizerem em voz alta, cada um a sua vez, o nome do(s) objeto(s) inserido(s). As palavras deverão sobrepor-se, até mesmo com repetições, por alguns minutos, de modo a criar a ideia da plenitude. Ao PARAR, o moderador pede que os participantes peguem de volta seu(s) próprio(s) objeto(s), reponham à margem da sala e voltem a se sentar no círculo, permanecendo em silêncio por alguns minutos e pensando na embalagem que agora ficou vazia. Ao MOVER, o moderador convida cada um dos participantes a expressar, com uma palavra, o que está pensando naquele momento (emoções, cores, objetos etc.). Todas as palavras serão anotadas em uma folha e formarão uma lista que, no final, será lida em voz alta, sem que se façam comentários. Então, será instaurada uma discussão que será concluída com a individualização das cinco "palavras-chave para administrar o vazio", palavras que serão transcritas na cartolina.

O *debriefing*

- Você encheu sua embalagem com o quê?
- Quando você não sabe o que fazer, como se comporta?
- Isso acontece frequentemente?
- Defina a palavra "vazio".
- Você gosta de ficar sozinho consigo mesmo? Por quê?

9 Tão perto, tão longe

Objetivo

Para se autodefender, o ser humano deve saber defender o próprio "território" e distinguir lugares e pessoas que oferecem segurança diante do que pode se tornar perigoso. Não se trata de adquirir um comportamento genérico de desconfiança perante tudo e todos, mas antes de desenvolver uma capacidade de regular a si mesmo para permitir recolher os sinais que às vezes são reconfortantes, às vezes são preocupantes, a fim de que se possam fazer escolhas adequadas. Mas o que ajuda a ser consciente? Pode ser útil compreender o conceito de distância, estritamente relacionado à dimensão do espaço. Por meio do uso das coordenadas "perto" e "longe" é possível, de fato, formatar uma relação que se torna próxima quando é desejável, distante quando é perigosa. O objetivo desta atividade é reforçar a capacidade de saber compreender essa distinção.

Apresentação e desenvolvimento

O moderador distribui uma ficha para cada um dos participantes. Nela há três histórias cujos protagonistas são adolescentes que vivem situações problemáticas. Para ilustrar a atividade, o moderador explica que as palavras PERTO e LONGE devem ser relacionadas com estas perguntas: "O que torna uma situação segura e, por isso, de que podemos nos aproximar?"; "O que torna uma situação perigosa e, por isso, de que devemos nos afastar?" Então, convida os participantes a lerem e preencherem a ficha individualmente. Ao final, dará início a uma reflexão coletiva com o fim de compartilhar as ideias e as experiências.

Primeira história

As boates não são lugares absolutamente seguros para os jovens de treze anos. Nesses lugares há muitos adultos que muitas vezes os frequentam para vender ou comprar drogas. Mesmo que os jovens sejam responsáveis, é melhor não lhes permitir aproximar-se desse mundo ainda tão jovens, para não serem tentados. Com efeito, com apenas treze anos, não se pode imaginar nem mesmo de longe o que motive o consumo de drogas. Muitas pessoas julgam que é certo frequentar boates aos treze anos, porque consideram que é um acontecimento importante na vida de um adolescente. Ir a esses lugares é uma experiência *in*, da moda, e os jovens adoram sentir que estão de acordo com a moda. Estar alinhado com a moda significa, essencialmente, ser parte de um grupo, ser rodeado de amigos, não ser excluído e diferente. Em suma, um jovem, para frequentar boates, deve ser maduro e responsável o suficiente, ainda que infelizmente alguns jovens não se tornem maduros e responsáveis nem mesmo aos trinta anos[40].

Indicar cinco bons motivos para "estar perto" e cinco bons motivos para "estar longe".

Segunda história

Com certeza, nossos avós serão da opinião de que uma taça de vinho faz bem e é um dos prazeres da vida. É preciso, porém, considerar a quantidade. Se uma taça é suficiente para nossos avós, ela não o é para os jovens de hoje. O fim de semana tornou-se um compromisso fixo com o álcool, tornou-se um ritual, um hábito para se divertir. Os jovens frequentemente não se dão conta de que "ser um bom copo", como se isso fosse uma obrigação, coloca em risco a própria vida e a vida dos outros. "Posso parar quando quiser": essa é a frase repetida continuamente, mas nem sempre é assim. Trata-se de um problema que não se deve subestimar[41].

Indicar cinco bons motivos para "estar perto" e cinco bons motivos para "estar longe".

Terceira história

Chegar a casa, deitar no sofá e ligar aquela caixa à nossa frente é uma ação que executamos todos os dias. Os falsos moralistas dizem que a televisão é uma cai-

---

40. Retirada de "Repubblica@scuola. Il giornale con gli studenti", de 01/06/2011.

41. Ibid., de 16/03/2011.

> xa malvada capaz de roubar nossa habilidade de comunicação, que tem sido preferida a uma caminhada saudável no parque. Por vezes é acusada de indecência, por conta do que apresenta, de tratar assuntos fúteis e pouco importantes. Como podemos negar tudo isso? Sem dúvida alguma, ela rouba o tempo de muitas atividades, por conta de seu teor altamente convidativo e, às vezes, torna-se uma verdadeira dependência. Mas há muitas vantagens que podem ser encontradas. Basta apertarmos um botão para sabermos o que está acontecendo no outro lado do mundo, para termos as notícias em tempo real. Ela pode, portanto, enriquecer nossa cultura; tudo depende do uso que fazemos[42].

Indicar cinco bons motivos para "estar perto" e cinco bons motivos para "estar longe".

O *debriefing*

- O exercício foi fácil? Por quê?
- Acontece de você viver experiências que podem se tornar perigosas? Se sim, quais?
- Em geral, você se dá conta do perigo imediatamente? O que você faz, então?
- Acontece de você, às vezes, encarar os acontecimentos sem pensar nas consequências negativas que podem ocorrer? Se sim, você poderia dar algum exemplo?

---

42. Ibid.

10 Meu espaço é...

Objetivo

Com certeza, não é fácil definir o próprio espaço. Talvez o seja possível se recorrermos a imagens que, metaforicamente, oferecem um repertório de ideias e sugestões. Esta atividade pretende ser um momento de reflexão sobre tantas maneiras possíveis de entender o espaço pessoal e de síntese de tais maneiras.

Apresentação e desenvolvimento

O moderador distribui aos participantes folhas em que haja uma tabela contendo algumas imagens associadas à ideia do espaço pessoal. Convida-os, então, a refletirem individualmente sobre elas e a associarem uma reflexão própria a cada uma delas. Depois do trabalho individual, o moderador pede que formem pares e compartilhem suas experiências.

IMAGEM	REFLEXÃO
O lugar onde as coisas podem se tornar grandes	
Um canto do mundo	
O quintal de minha casa	
Uma obra de arte	
O núcleo da energia cósmica	
Uma terra sem fronteiras	
O lugar da liberdade	

O *debriefing*

- De qual imagem você mais gostou?
- Por quê?
- Você quer acrescentar alguma outra imagem?
- Se sim, qual?

Na dimensão do tempo

Se as portas da percepção estivessem limpas, tudo apareceria tal como é, infinito.
W. Blake

A construção da identidade está submetida ao tempo. Todo ser humano é, de fato, mutável na medida em que, ao longo de seu percurso de crescimento, está sujeito a contínua mudança. E são particularmente mutáveis os pré-adolescentes e os adolescentes, que, por conta da fase de desenvolvimento que atravessam, sentem seus efeitos no corpo e na mente. Para eles, portanto, ainda mais que para os outros, é necessário dar um sentido ao tempo que transcorre.

Cada um de nós tem sua "própria" percepção do tempo, a qual se baseia em nossa maneira pessoal de medir e representar o tempo dentro ou fora de nós mesmos.

Para alguns, parece que o tempo passa rápido demais e estes sentem que ele nunca é suficiente. Sempre presos a milhares de compromissos e pressionados por uma sensação de constante urgência, às vezes sem motivo, submetem-se a ritmos acelerados para correrem atrás de atividades de todos os tipos. Muitas vezes, isso é causa de irritabilidade e ansiedade: não se consegue viver com serenidade o momento presente, "aqui e agora", na medida em que estão constantemente ameaçados por um futuro que parece fugir.

Já para outros parece que o tempo transcorre muito lentamente e que até mesmo tende a parar. Nesse caso, os dias ficam marcados por momentos intermináveis, passados em nome do tédio e da repetição. Tal fenômeno, se exagerado, pode tornar-se preocupante, porquanto pode provocar apatia, debilidade e incapacidade de impulsionar as próprias ações.

Se queremos nos educar para o sentido do tempo, devemos partir de nós mesmos e sermos capazes de compreender a essência do *tornar-se*. Isso consiste em descobrir a estreita relação entre o ritmo interno, íntimo e individual, e o ritmo externo, explícito e coletivo. As perguntas que devemos nos fazer são: "Que ritmo tem meu corpo?", "Como eu vivencio a sucessão dos acontecimentos da vida?", "Sou apressado ou vagaroso nos afazeres do dia a dia?", "Como é o ritmo da realidade que me cerca?", "Como me coloco frente às mudanças?"

Nesse contexto é fundamental o desenvolvimento da "dimensão planificada", que considera a vida uma construção progressiva na qual coexistem as experiências pretéritas, as necessidades do presente e os sonhos para o futuro. Nessa visão, a estruturação da identidade não representa um objetivo definitivo, mas o resultado de um processo sempre em constante transformação. Entramos, portanto, no ritmo do tempo por meio de uma série de atividades que nos permitem fazer com que os jovens descubram o que significa entrar em *sintonia* consigo mesmos, com os outros, com o mundo em redor, por um caminho de crescimento contínuo.

Os âmbitos de investigação identificados são: "a vivência do tempo" e "a planificação".

A vivência do tempo

As atividades trazidas a seguir pretendem fazer com que se compreenda que cada coisa tem seu tempo – o ritmo da caminhada, o ritmo do coração, o ritmo da respiração, o ritmo dos pensamentos, o ritmo das ações do dia a dia etc. – e que há um tempo subjetivo e um tempo objetivo. Com efeito:

> o tempo não é passível de definição somente com base na sucessão dos acontecimentos e na possibilidade de medi-lo. O tempo não pertence apenas aos objetos, mas também ao sujeito. A noção de tempo relacionada ao sujeito (tempo subjetivo) diz respeito às sensações e às emoções, sobretudo na dimensão do presente, às

> recordações que pertencem ao passado e aos desejos ou planos idealizados para o futuro. O tempo subjetivo é o tempo das intenções, enquanto o tempo entendido como a sucessão dos acontecimentos pertence aos objetos: é o tempo cronológico. Como os indivíduos não vivem sozinhos, mas em grupos sociais, o tempo subjetivo reflete as atitudes sociais e pode ser tão diferente quanto os diversos contextos nos quais as pessoas agem. Todos os aspectos subjetivos e objetivos, individuais e de grupo, fazem parte da definição do tempo[43].

Partindo dessa consciência, por meio do ato de se ouvir o corpo, é possível que meninas e meninos percebam as qualidades pessoais de sua vivência do tempo. Talvez alguns descubram que tendem à "urgência", entrando em combate com tudo o que acontece. Já outros podem descobrir que são mais propensos à "satisfação", ou seja, que estão bem com tudo o que acontece.

Essas duas maneiras de vivenciar o tempo podem ser levadas a dois momentos diversos da vida, à infância e à idade adulta. Na infância, o tempo é vivenciado com seus contornos dilatados: é permitido sonhar, imaginar, brincar, criar, não fazer nada, em um mundo mágico que acolhe tudo e tudo abrange, sem limites. Na idade adulta, há por contraste a agitação do "fazer", que transforma todos os momentos em ocasiões para programar, produzir, realizar algo, durante as quais não se deve "perder tempo". Muitas vezes, essa disposição interior impõe-se à própria pessoa, configurando-se uma força irrefreável, fonte de mal-estar, ansiedade e estresse.

Atualmente, ocorre uma progressiva "adultização" da infância e, por isso, a tal sensação de "urgência" envolve cada vez mais também o mundo infantil. De fato, Crepet afirma:

> falar sobre o tempo com as crianças é importante porque, em nossa vida, ele tornou-se algo raro e desconhecido: está mais à nossa disposição e sabemos menos empregá-lo. É, portanto, necessário ensinar a eles que perder tempo significa preencher com sentido uma agitação confusa e inútil. Eles devem saber que o tempo é

43. Matarazzo, p. 225-226.

> um lugar de comunicação, troca de afetos, encruzilhada de emoções; que é silêncio, olhar, ouvir; que é o reino dos sentidos, em que o tato, o gosto, a destreza voltam a fixar uma existência distraída. O tempo é uma curiosidade pelas diversidades, é imaginá-las e enchê-las de fantasia, é uma transição misteriosa de desejos. É também solidão, às vezes desencanto. Se conseguirmos dar o tempo a nossas crianças, ensinaremos a elas como encontrá-lo e conservá-lo. Assim, talvez, poderão criar para si uma vida menos reduzida[44].

O tempo, porém, é ainda a história de cada um de nós, a sucessão de acontecimentos que nos forjou dia após dia e que são os pressupostos para um desenvolvimento futuro.

A planificação

Com atividades autobiográficas que envolvem o corpo, cada pessoa poderá descobrir sua própria "consciência" do tempo, de seu próprio "estar" no aqui e agora. Dessa forma, vivenciando a dimensão da mudança e a experiência da transformação, naturais do crescimento psicológico e corporal, cada pessoa poderá compreender uma dimensão temporal que correlaciona o presente, o passado e o futuro.

Pode-se falar de autobiografia corporal, que pode ser explicada assim:

> a maneira com que fomos tratados, o modo com que respondíamos, as formas que nosso corpo ia assumindo aos poucos, as mensagens que recebíamos tiveram impacto sobre aquilo que somos agora, sobre como nos "formamos" e sobre como levamos nossa vida. Nossa estrutura física, nossas posturas, nossos gestos, nossa linguagem, nossos sonhos, nossas imagens: tudo reflete nossa história, nosso contínuo processo de crescimento[45].

---

44. Crepet, 2001, p. 22.

45. Adorisio e García, 2004, p. 37.

Levando em consideração alguns acontecimentos particulares da história pessoal de cada um, como, por exemplo, os momentos de transição (o ingresso na escola, a chegada de um irmãozinho, o primeiro passeio com os amigos etc.), pode-se perceber a passagem do tempo.

Sobre isso, Demetrio afirma:

> A memória é uma reapropriação trabalhosa e isso torna-se uma tarefa cotidiana de autoformação. [...] Cada uma das recordações é um sinal; um signo que arranhou nossa vida, mas todas as recordações pertencem a uma rede de lembranças e se transformam rapidamente ora em uma cena, ora em uma história[46].

A história pessoal é uma constante transformação e torna-se um projeto de vida quando evolui no tempo de maneira consciente. O desejo e a esperança são as molas que nos impulsionam a viver e nos lançam a um futuro que imaginamos trazer felicidade e bem-estar.

Fazer com que as novas gerações redescubram a dimensão planificada configura uma prioridade educativa, principalmente durante a pré-adolescência e a adolescência, quando somos chamados a escolhas importantes para o nosso próprio futuro. O que importa é permitir aos jovens que se apoderem de um método pelo qual sempre possam elaborar novas estratégias, novos percursos, tendo em vista seus próprios objetivos de vida.

Em última instância, educar para o futuro significa *aprender a navegar em um oceano de incertezas através de arquipélagos de certezas*, com a consciência de que sempre é necessário verificar e acompanhar as ações para corrigi-las, se oportuno, ou eliminá-las, se preciso[47].

---

46. Demetrio, 1995, p. 59-60.

47. Cf. Morin, 2001.

1 Figurações do tempo

Objetivo

O que é o tempo? Certamente, não é fácil dar uma definição precisa e unívoca. Nesta atividade, propondo determinadas figurações, pretendemos explorar alguns significados para conseguirmos compreender quanto a ideia do tempo é multiforme e está ligada à variedade das percepções individuais.

Materiais

Uma folha e uma caneta para cada um dos participantes.

Apresentação e desenvolvimento

O moderador introduz a atividade explicando que nem sempre é fácil encontrar as palavras adequadas para se exprimir a noção de tempo. E é por isso que se torna necessário recorrermos a imagens capazes de fornecer com rapidez uma ideia, um significado, uma possível interpretação. Ele, então, lê o trecho seguinte, empenhando-se em criar um clima de atenção.

> **Suponhamos que o tempo...**
>
> ...seja **um círculo** que se fecha sobre si mesmo. O Universo repete-se, sempre idêntico e imutável. A maior parte das pessoas não sabe que está destinada a reviver sua própria existência. Os comerciantes não sabem que concluirão, de novo e sempre, o mesmo negócio. Os políticos não se dão conta de que, por infinitas vezes dos infinitos ciclos do tempo, farão ataques no mesmo palco. Os pais fazem muita conta da primeira risada do filho, como se não mais fossem escutá-la.
>
> ...seja semelhante a **água corrente**, a um fluxo contínuo que, de vez em quando, encontra um obstáculo, como um pequeno fragmento ou uma brisa passageira. Às vezes, de fato, por conta de alguma perturbação cósmica, um riacho de tempo desvia-se da corrente principal para novamente convergir mais abaixo. Quando isso

acontece, os pássaros, a Terra e as pessoas, permanecendo imóveis, veem-se de repente no passado.

...seja rigidamente fixo, mecânico como **um pêndulo de ferro maciço** que oscila para frente e para trás, para frente e para trás, para frente e para trás. Há pessoas que vivem com base no tempo mecânico: levantam às sete em ponto, almoçam ao meio-dia e jantam às seis; são sempre pontuais com os compromissos, chegam no horário exato; fazem amor entre as oito e as dez da noite; trabalham quarenta horas semanais, aos domingos leem o jornal, nas terças à noite jogam xadrez; se o estômago ronca, olham o relógio para verem se já é hora de comer; se estão prestes a se entregar ao prazer de um concerto, olham o relógio acima do palco para saberem quando será a hora de voltar para casa.

...resida no corpo, que se retorça e se agite como **um peixe ansioso por um rio**. Muitas pessoas pensam que o tempo se resolve ao longo do caminho: ouvem as batidas do coração e seguem o ritmo dos humores e dos desejos; comem quando sentem fome, começam a trabalhar quando acordam, fazem amor a qualquer hora do dia. Essas pessoas sabem que o tempo voa diante de seus olhos quando estão tendo um agradável almoço com amigos, ou quando alguém lhes dirige um cumprimento, ou quando se entregam aos braços da pessoa amada.

...seja **igual para todo mundo** e seja uma imensa estrutura que se espicha pelo Universo ditando suas leis. Não se pode caminhar por uma estrada, conversar com um amigo, entrar em um prédio, sem esbarrar em um instrumento de medir o tempo. O tempo é visível em todos os lugares. Relógios em torres, relógios de pulso, badaladas dividem os anos em meses, os meses em dias, os dias em horas, as horas em minutos, os minutos em segundos: incrementos de tempo, um depois do outro, em uma sucessão perfeita.

...seja **imóvel**. Os pingos de chuva estão suspensos, parados, no ar. Os pêndulos dos relógios permanecem a meio movimento de sua oscilação. Os cães levantam o focinho em um uivo silencioso. Os pedestres, nas ruas empoeiradas, estão imóveis, as pernas dobradas como suspensas por cordões. O ar está impregnado dos perfumes das tâmaras, das mangas, do coentro, do cominho.

...**não exista**. Apenas as imagens: uma criança na praia, hipnotizada pelo primeiro olhar que lança sobre o oceano; uma mulher de pé em uma varanda ao amanhecer, os cabelos soltos, a camisola, os pés descalços, os lábios...
...permita-nos viver **apenas um dia**...

Terminada essa leitura, o moderador distribui aos participantes uma folha em que cada um deles deverá atribuir às imagens encontradas na leitura a primeira palavra que lhe vier à mente, dentro do tempo máximo de cinco minutos. Ao se dizer AGORA, todos os participantes deverão, ao mesmo tempo, cumprir esse exercício. Ao dizer PARAR, o moderador os dividirá de dois em dois e cada participante, dentro de sua dupla, lerá, um para o outro, o exercício que acabou de ser cumprido, dividindo entre si suas reflexões.

FIGURAÇÕES	PALAVRAS
Um círculo	
Água corrente	
Um pêndulo de ferro maciço	
Um peixe ansioso por um rio	
Igual para todo mundo	
Imóvel	
Não existe	
Apenas um dia	

O *debriefing*

- De qual figuração do tempo você gostou mais?
- Para você, o que é o tempo?
- Em sua rotina diária, você gostaria de ter mais ou menos tempo?
- De que maneira você acha que deveria ser o seu tempo?
- Dê uma definição sua.

2 Que ritmo tem meu dia?

Objetivo

Existem determinados ritmos fisiológicos, como a vigília e o sono ou a fome e a saciedade, que naturalmente se colocam em nossa vida. Há outros, porém, que são marcados pelas formas individuais de cada pessoa enfrentar sua cotidianidade. Esses ritmos caracterizam a qualidade de nosso dia, conforme as sensações que experimentamos. Descobrir tais características é o objetivo desta atividade, cuja principal finalidade é nos tornar mais conscientes da sucessão do tempo em nossas vidas, a cada dia.

Materiais

Uma folha A4 para cada um dos participantes e alguns gizes de cera.

Apresentação e desenvolvimento

O moderador distribui a cada um dos participantes uma folha A4 branca e deixa à disposição deles gizes de cera coloridos. Convida-os a refletir sobre suas rotinas típicas e sobre as características que lhes são mais frequentes. Pede, então, que escolham uma cor, desenhem na folha uma linha horizontal que de alguma maneira possa representar suas rotinas e assinalem nela alguns pontos que indiquem as várias fases habituais (acordar, estudar, trabalhar, almoçar etc.), na mesma ordem em que temporalmente acontecem durante o dia. Para cada uma das fases, deverão selecionar uma qualidade relacionada a um ritmo específico, a ser representado com uma cor diferente (p. ex., lento/azul-claro, rápido/vermelho, incerto/cinza, agitado/roxo etc.) e com um desenho capaz de exprimi-lo (p. ex., uma espiral, uma linha mais grossa etc.). Depois de o moderador ter feito essas indicações e determinado o tempo de duração do exercício, a atividade poderá se iniciar, com a liberdade de os participantes se expressarem espontaneamente com relação ao aspecto visual. A atividade se encerrará com a apresentação dos desenhos, que deverão conter o nome do autor e um título bem criativo, composto por uma só palavra, inspirada na representação que se fez da própria rotina.

O *debriefing*

- Como é o ritmo de seu dia?
- Há momentos em que você deve fazer as coisas rapidamente?
- Por outro lado, há momentos que você vivencia lentamente?
- Você se sente melhor em qual desses momentos? Por quê?
- Qual é seu ritmo ideal?

3 Os ladrões de tempo

Objetivo

Muitas vezes, é comum que se atribua pouco valor ao tempo. Parece que nós somos mais capazes de perceber a beleza da cadência cíclica que acompanha os dias, os meses, os anos; no entanto, normalmente, nos sentimos sobrecarregados pela rotina e pelo ritmo que determina nossos afazeres, quase lutando contra nós mesmos para alcançarmos as constantes e extenuantes metas, ou nos permitimos ir "desperdiçando" nosso próprio tempo, perdidos em tédio, na falta de interesses e expectativas, com o costume de sempre adiar todo e qualquer compromisso ou atividade. Talvez seja possível conseguir o bem-estar ao se retomar a capacidade de "estar no tempo", dando valor aos diversos momentos que vivemos, aprendendo a apreciá-los como se fossem únicos e não pudessem ser repetidos. Essa é uma consciência que pode ser adquirida por meio de auto-observação e prática contínua, tornando-se testemunhas de si mesmos.

Materiais

Uma cartolina.

Apresentação e desenvolvimento

Na vida de todos os dias, frenética e cheia de compromissos, todos nós gostaríamos de ter mais tempo. Mais tempo para administrarmos nossas vidas, para trabalharmos ou estudarmos e – por que não? – para cuidarmos de nós mesmos e de nosso tempo livre. Mas muito frequentemente não temos tempo de fazê-lo! O que devemos aprender é o respeito a esse escasso recurso, que nem pode ser criado, nem pode ser destruído, mas que somente podemos fazer render frutos da melhor forma possível, sem desperdícios.

O moderador introduz a atividade com a leitura deste fragmento:

> [...] fico sempre espantado quando vejo alguém que, como se não fosse nada, demanda para si um espaço de tempo de outra pessoa, ou quando vejo alguém que, se

> lhe solicitam um pouco de tempo, está pronto para oferecer horas e horas do próprio dia; o fato é que todos levam em consideração o "escopo" pelo qual pedem que empreguem seu tempo, mas ninguém "valoriza" o tempo em si... exige-se como se fosse uma coisa qualquer e, como se não fosse nada, concede-se... e ainda se arrisca o que há de mais precioso: engana porque o tempo é imaterial, porque não se pode vê-lo e, por isso, não se lhe dá importância ou, na verdade, ele é considerado de nenhum valor... preso no turbilhão dos trabalhos e dos compromissos, cada um de nós consome sua própria vida, sempre ansioso por aquilo que acontecerá e entediado com aquilo que tem[48].

Depois disso, o moderador apresenta uma cartolina com isto escrito: "O tempo parece fugir quando..."; "O tempo parece estar desperdiçado quando..." Com a técnica do *brainstorming*, convida os participantes a compartilharem suas próprias ideias e reflexões.

Assim que as ideias tiverem sido livremente recolhidas, o moderador tentará estimular o debate, para que cada um dos membros do grupo possa exprimir sua opinião. Ao fim, verbalmente fará uma síntese evidenciando as diversas posições.

O *debriefing*

- Quem são os "ladrões de tempo"?
- Você já os conheceu? Se sim, quando e o que fizeram?
- Alguma vez você também se sentiu um pouco um "ladrão de tempo"? Se sim, quando?
- O que significa "estar no tempo"?
- O que você pode fazer para dar mais valor a seu próprio tempo?

---

48. Varvelli, 2004, p. 30.

4 O lugar do "não tempo"

Objetivo

Às vezes, estamos em busca de conforto, da posição em que ficamos tão bem a ponto de não mais querermos nos mover. A partir dessa posição, é possível procurar algum relaxamento, um apagamento das tensões, alguma descontração. Pode-se encontrar, no entanto, também a irreprimível necessidade de se mover, a angústia do vazio e do silêncio. A "ausência" pode provocar sensações contrastantes: pode tornar-se prazerosa quando é um abandono confiante, pode tornar-se assustadora quando causa confusão. Descobrir as próprias formas de viver esse "tempo suspenso" é objetivo desta atividade.

Materiais

Folhas e gizes de cera para todos os participantes.

Apresentação e desenvolvimento

O moderador introduz a atividade afirmando que, às vezes, é necessário relaxar durante o dia. Então, pede aos participantes que falem de suas experiências e que expliquem o que quer dizer "relaxamento". Depois dessa fase de apresentações verbais, o moderador distribui folhas brancas, que serão colocadas ao lado de cada um, e deixa gizes de cera coloridos à disposição do grupo. Autoriza, então, que se comece o exercício, pedindo aos participantes que permaneçam sentados em seus lugares, mantenham as costas retas, apoiem suas mãos sobre as coxas, fechem os olhos e, enfim, procurem uma posição cômoda. Com uma técnica de relaxamento, acompanhada por algumas frases, como as que estão relacionadas abaixo, o moderador fará com que os participantes experimentem um momento de silêncio, por um tempo máximo de 10 minutos, durante os quais poderão entrar em contato com eles mesmos. Será indispensável que o moderador dê o máximo de atenção e cuidado às necessidades dos participantes, a fim de permitir que cada um deles vivencie uma situação prazerosa, não limitadora. Para tanto, deverá fazer intervenções individuais, realizando eventuais modificações ao procedimento geral.

Exercício de relaxamento

1) entre em contato com sua própria respiração, tal qual está neste momento;

2) siga o ritmo dela sem alterá-lo e procure entender se é um ritmo lento, moderado ou rápido;

3) comece a fazer esta brincadeira: faça com que ele se torne lento, moderado rápido, e rápido, moderado, lento, por cinco vezes;

4) agora, mude de um ritmo para outro, conforme julgar melhor;

5) procure enfocar os ritmos que se sucedem e continue a brincar com eles;

6) agora, decida qual dos três ritmos você prefere e o reproduza sem interromper;

7) dê, então, atenção a seu corpo;

8) sinta a posição em que você está neste momento: dos pés, das pernas, da cintura, do tronco, dos braços, do pescoço, da cabeça;

9) permaneça assim como você está, sem fazer nada, e continue a respirar;

10) agora, ouça seus próprios pensamentos e os deixe fluir em liberdade;

11) pergunte-se sobre aquilo em que você está pensando e fixe na mente uma imagem colorida, a primeira que lhe vier;

12) abra lentamente os olhos, respire fundo e pegue sua folha e os gizes de cera para desenhar essa imagem;

13) tome o tempo necessário para fazer um desenho que o satisfaça;

14) dê um título a seu desenho.

Terminado o exercício, o moderador organiza uma mostra dos desenhos feitos, que serão o pretexto para se iniciar um confronto de experiências sobre as maneiras individuais de se vivenciar o silêncio e o relaxamento.

O *debriefing*

- Como você se sentiu durante o exercício?
- Como você vivenciou o "tempo suspenso" do silêncio?
- Você teve alguma dificuldade?
- Durante seu dia, você relaxa algumas vezes? Se sim, como e quando?
- A respeito disso, você gostaria de mudar algo ou está tudo bem assim?

5 No reino do "aqui e agora"

Objetivo

Nem sempre é fácil viver o momento presente por completo, pois é comum que estejamos demasiadamente inclinados ao futuro, sempre em busca de algo que deverá chegar, ou, até mesmo, ancorados no passado, estagnados na nostálgica evocação de um tempo que não mais existe. Para superarmos essa dificuldade, devemos explorar o reino do "aqui e agora", constituído por aquilo que estamos fazendo, pensando, sentindo naquele momento. Nisso, o passado e o futuro podem integrar-se em uma síntese que torna as ações cotidianas mais conscientes.

Apresentação e desenvolvimento

O moderador distribui aos participantes uma folha em que esteja reproduzido este esquema:

Passado = o que já foi e faz parte de sua experiência

↓

REINO DO "AQUI E AGORA"

↑

Futuro = o que virá e você deseja construir e alcançar

Depois de explicá-lo, o moderador convida os participantes a preencherem, com todas as palavras que lhe vierem à mente, e descreverem o momento presente, o retângulo assinalado por REINO DO "AQUI E AGORA". Explica que se trata de uma brincadeira de velocidade, que prevê uma duração máxima de cinco minutos e um fluxo continuado de escrita conseguido por nunca se tirar a caneta do papel. Ao ouvirem AGORA, cada um por conta própria, os participantes começarão a escrever e escreverão até que termine o tempo preestabelecido. No final, cada um dos participantes compartilhará com os outros as palavras que escreveu na folha.

O *debriefing*

- De que é feito seu momento presente?
- Você teve dificuldades de identificar as palavras que descrevem seu momento presente? Por quê?
- Você prefere o passado ou o futuro? Por quê?
- Você sabe dar uma cor a seu presente?
- Como você encara a vida de cada dia?

6 *Jam session*

Objetivo

Em nossas vidas, às vezes acontece de termos de enfrentar situações inesperadas para as quais não estamos preparados. É necessário, então, improvisar na tentativa criativa de se identificarem algumas possíveis soluções. Em relação ao corpo, a improvisação nasce do deixar fluir, do explorar, do descobrir, do dar forma aos próprios movimentos sem se basear em esquemas preestabelecidos. O objetivo desta atividade é o de se aprender a "criar" por meio de movimentos, ativando um processo pelo qual se descobrem as possibilidades que eles oferecem, a fim de se despertar uma "nova" consciência do corpo, capaz de se expressar, com intenções próprias, por meio da criatividade.

Materiais

Um bloco de anotações e uma caneta para cada um dos participantes.

Apresentação e desenvolvimento

O moderador explica aos participantes que se trata de uma brincadeira de movimentos. Convida-os, então, a ficarem de pé e a se posicionarem em círculo dentro de um espaço desimpedido, que deve estar sem móveis e ser um pouco grande. Distribui a cada um dos participantes um bloco de anotações e uma caneta, que deverão estar colocados de tal modo que possam ser facilmente pegos quando necessário. A brincadeira consiste em realizar movimentos de maneira criativa, inspirados em algumas expressões/situações que serão ditas pelo moderador: "Depressa! Depressa!", "É melhor adiar...", "Últimos minutos!", "Não vejo a hora...", "Desculpem a demora!"

Em seguida, cada um dos movimentos deverá ser graficamente representado no bloco de anotações de uma maneira totalmente pessoal. No fim, o moderador promoverá entre os participantes um *feedback* a respeito da atividade.

O *debriefing*

- O que você aprendeu com a brincadeira?
- Foi fácil improvisar com o corpo?
- O que você faz quando está diante de uma situação inesperada?
- Você se acha criativo, ou não?
- O que poderia ajudar você a se tornar mais criativo?

7 Crescer, que cansaço!

Objetivo

O tempo se desenrola durante a vida por meio do processo de crescimento. Experiências, lugares, encontros tornam-se ocasiões de mudança e desenvolvimento. Esse processo, presente em cada um de nós, envolve tanto a parte corporal, sujeita às leis físico-biológicas, quanto a parte mental e emocional, influenciada por fatores externos e por contínua aprendizagem. Mas crescer não é fácil! Abrange o esforço de se adequar a mudanças, o desejo de olhar sempre para frente, a coragem de trocar o conhecido pelo desconhecido. Todos, adultos ou jovens, devem aprender a enfrentar o tempo e a atravessar conscientemente as várias fases da vida. Esta atividade pretende proporcionar uma ocasião para refletirmos sobre o processo de crescimento e sobre as constantes mudanças que ele abarca.

Apresentação e desenvolvimento

O moderador lê um fragmento em que o protagonista é um adolescente à procura de respostas para suas perguntas sobre o grande "mistério" que se impõe a ele por dentro e por fora: crescer. Seu interlocutor é um padre com o qual o diálogo é difícil e insatisfatório, a ponto de chegar à quase incomunicação. Mas é sempre assim entre jovens e adultos?

> – Como é ser adulto? – pergunta de repente.
> Dom Sazzini virou-se para ele sem responder-lhe...
> – Não é apenas estar atrasado, certo? – insistiu Cláudio.
> O padre fez um movimento sutil com a cabeça, dizendo que não.
> – Estou cansado agora – disse bem baixinho, virando as costas para ele. [...]
> Era uma despedida, mas Cláudio queria conversar.
> – Adultos... eu não os compreendo – começou –, de verdade, não sei se quero ser adulto. Às vezes, parece que sim. Sinto que o tempo não passa nunca. Meu pai diz que, depois dos vinte, a vida escorre como água nas mãos. Diz isso. Outras vezes, como hoje, não acho que quero crescer, não sei... é melhor o senhor ir.

– É como partir – disse Dom Sazzini, ainda sem se virar – apenas com uma passagem de ida no bolso. É como começar uma viagem, que ao mesmo tempo lhe faz mal e lhe faz feliz. Uma viagem que parece não começar nunca e, quando nos damos conta de que partimos, já é tempo de sair do trem...
– É por isso que me sinto tão mal?
Dom Sazzini tirou um charuto da gaveta de talheres. Acendeu, deu a primeira tragada com muita calma.
– Você está na primeira plataforma, meu jovem – disse, soprando muita fumaça.
– Por vezes, acho mesmo que os adultos são, todos, malucos[49].

Depois de terminar a leitura desse fragmento, o moderador inicia um debate entre os participantes com o objetivo de fazer com que tragam à tona e compartilhem suas experiências de vida.

O *debriefing*

- Neste momento, você se sente adulto ou ainda jovem?
- De onde você percebe que está crescendo?
- Você está satisfeito com as mudanças que o crescimento está produzindo em você?
- Como os adultos tratam você agora? E como tratavam antes?
- Você se sente compreendido?

49. Fois, 1999, p. 53-54.

8 Quebra-cabeça de lembranças

Objetivo

"Lugar da memória" é o passado, do qual é possível extrair informações úteis para a vida. Para podermos fazê-lo, devemos nos tornar capazes de ler as experiências – sejam negativas, sejam positivas – para que possam nos servir como meio de aumentarmos o conhecimento de nós mesmos e de se favorecer nosso crescimento pessoal. Para aprendermos a fazê-lo, temos que voltar no tempo sem ficarmos enredados pela nostalgia ou, ainda, pelo arrependimento. Em vez disso, recordar fatos, pessoas, acontecimentos pode ser um exercício de redescobrirmos significados e reconstruirmos nossa história pessoal.

Materiais

Cinco cartõezinhos quadrados, de várias cores, e canetinhas.

Apresentação e desenvolvimento

O moderador lê um fragmento em que uma adolescente recorda situações, pessoas e momentos do passado que marcaram sua vida de uma maneira inesquecível e permaneceram impressos em seu coração. O tom de suas palavras deixa entrever-se certa nostalgia, mas, ao mesmo tempo, o prazer de trazer de volta à mente lembranças vívidas, que a ajudam a dar sentido a seu presente.

> Existem situações, pessoas e momentos que o tempo e o espaço nos roubam, mas que estão emaranhados dentro de nós, nas dobras de nosso coração. Jamais nos surpreenderemos lamentando que tenham acontecido, porque sempre estaremos muito presos a agradecer que tenham podido acontecer. Eles serão sempre nossos e, se apenas fecharmos os olhos, poderemos ver o que aconteceu ou, de longe, conseguiremos avistar inclusive aquilo que o que aconteceu escondia. Fecho os olhos e vejo. Vejo, vejo, vejo.

> Vejo o cartaz "Escola de teatro" com a segunda letra *t* desbotada, vejo a segunda-feira e a quinta-feira das cinco da tarde às dez da noite, vejo – sim, não ouço, vejo – os exercícios de voz desafinados, os meiões brancos, os *fuseau*, a roupa vermelha de *punk*, a tensão que sobe com a cortina e estala com os aplausos.
>
> Vejo Simone, que não dança, e Lucas, que não canta, vejo as afinidades nascidas nos camarins e vejo a mim mesma, deselegante e desajeitada, dizendo "Bela" e "Você fará a Julieta", e acreditando um pouco que é bela e é a Julieta[50].

Depois de terminar a leitura, o moderador fornece aos participantes cinco cartõezinhos quadrados, multicoloridos, e canetinhas de diversas cores. Depois de tê-los organizados diante de cada um dos participantes, o moderador explica que, aos cartõezinhos, correspondem cinco lembranças do passado, relacionadas a diferentes momentos vividos na escola. Então, convida-os a representá-las com histórias em quadrinhos, dentro de um tempo predeterminado (20 minutos, p.ex.). No fim, pedirá a um voluntário do grupo que explique aos outros seu próprio "quebra-cabeças de lembranças".

O *debriefing*

- Você teve dificuldade de recordar?
- O que você lembra dos primeiros anos de escola?
- Naquela época, o que seus professores diziam sobre você? O que dizem hoje em dia?
- E seus colegas?
- Para você, o que significa tornar-se adulto?

---

50. Gamberale, 2009, p. 27.

9 Como está o tempo?

Objetivo

Em nosso dia a dia, o fluxo tranquilo do tempo às vezes sofre algumas perturbações por conta de acontecimentos "especiais", situações imprevistas, novidades que determinam uma mudança. De que se trata? Quais são as emoções que provocam? Como nos colocamos frente a isso? Esta atividade pretende dar atenção ao fenômeno da mudança que naturalmente acontece na vida de cada um de nós.

Materiais

Cartolinas e canetinhas.

Apresentação e desenvolvimento

O moderador convida os participantes a se lembrarem de alguns acontecimentos "especiais" que particularmente marcaram suas vidas, como, por exemplo, o nascimento de um irmãozinho, o primeiro dia na escola, a chegada de um parente distante etc. Depois de dar espaço para que individualmente falem de suas lembranças, o moderador divide o grupo em alguns subgrupos (formados, no máximo, por cinco pessoas) e fornece a eles uma cartolina e algumas canetinhas. Inicia, então, uma atividade que tem como objetivo compartilhar as emoções que estão por trás desses acontecimentos "especiais". Ao mesmo tempo, os subgrupos, em um primeiro momento, discutirão e acordarão o resultado a ser produzido (em torno de 20 minutos); em um segundo momento, passarão a realizá-lo por meio de desenhos, cores e palavras (em torno de 15 minutos). A atividade se encerrará com a apresentação de cada uma das cartolinas produzidas, explicadas por um representante do subgrupo.

O *debriefing*

- Quais acontecimentos "especiais" determinaram as mudanças mais importantes em você?
- Como foi que eles mudaram você?
- Como você gostaria de estar no futuro?
- Há pessoas a que você gostaria de se assemelhar? Quais?
- Por quê?

10 Projetar-se[51]

Objetivo

A vida é um projeto que deveria perseguir metas com vistas à própria realização e felicidade. Ter um projeto de vida significa saber olhar para o futuro, aprender a direcionar as próprias esperanças e expectativas, lançando-se em um tempo que está por vir. Em outras palavras, temos que saber imaginar a nós mesmos como ainda não somos e como queremos ser. Esta atividade pretende proporcionar uma ocasião para entrarmos em contato com o futuro, colocando-nos em uma perspectiva "visionária" de construção de nós mesmos e de nossos sonhos.

Apresentação e desenvolvimento

O fragmento coloca em evidência a figura de um professor que, por meio de sua ação educativa apaixonada e envolvente, oferece a seus alunos a oportunidade de repensarem em suas próprias vidas quanto ao planejamento delas. Um deles, que escreve, tomou as palavras do professor em grande consideração.

O moderador dá início à leitura do fragmento:

> "A imaginação é a mãe da realidade": com esse mote, que ele escreveu na lousa com uma grafia ligeiramente infantil, o professor Morselli apresentou-se à classe no início do nono ano para um encontro de orientação. Vestia uma camisa cor-de-rosa, suava demais, tanto que, embaixo das axilas, apareceram logo duas manchas redondas um pouco mais escuras, e andava, sem descanso, de um lado ao outro da sala.

---

51. Chamamos especial atenção para o fato de que, no título original desta atividade – *Pro-gettarsi* –, a autora pretendeu construir um jogo de palavras em que o hífen demarcasse a presença do verbo italiano *gettarsi* no interior do verbo *progettarsi*, aludindo, assim, aos significados "lançar-se" e "projetar-se" simultaneamente. Em português, embora ambos estejam presentes na semântica do verbo *projetar*, as duas raízes não podem ser individualizadas como em italiano, mas esperamos que nosso leitor lembre-se igualmente dos dois valores atribuídos ao título "Projetar-se" [N.T.].

> "A imaginação é a mãe da realidade". Tinha um tom inspirado e repetia que, se quiséssemos realizar algo, no futuro, algo grandioso, deveríamos, antes de mais nada, aprender a imaginar, porque a imaginação escancara as portas para infinitas possibilidades: "imaginar o amanhã hoje".
> Adorava os motes.
> "Meu futuro? Eu o imagino assim..." e repetia que nada deveria parecer impossível, que em nossa idade não tínhamos o direito de pensar em alguma coisa que não pudesse ser realizada, porque "cada jovem é como uma semente da qual poderá brotar uma planta mil vezes maior" etc. etc. etc., mas vejam só, não era preciso acalorar-se tanto para nos convencer de que "é belo imaginar", teria sido mais difícil convencer um pintassilgo a cantar. [...]
> No cinza de minhas deprimentes horas, eu estudava pouco, tomava calmantes e infusões, comia Kinder Ovo, lia histórias perturbadoras e me entregava às imaginações, no entanto tentava dar um pouco de concretude a meus devaneios, porque, como dizia o professor Morselli com as axilas avermelhadas, não devemos nos contentar com uma imaginação infértil, mas devemos ir além e dar um salto na realidade. "A imaginação", dizia ele, "no fim, deve tornar-se um projeto", e ficava tão feliz de pronunciar aquela palavra – projeto – que parecia tê-la inventado ele mesmo.
> Eu pus em prática aquela aula e, finalmente, elaborei meu próprio projeto[52].

Depois de terminar a leitura, o moderador convida os participantes a preencherem o esquema reproduzido a seguir.

52. Cinquetti, 2010, p. 29, 31.

Meu próprio projeto

O que sei fazer	O que devo melhorar	O que não sei fazer, mas que desejo aprender
Como vejo o momento presente	Como posso melhorá-lo	Como imagino o futuro
Meu objetivo a curto prazo	Meu sonho para amanhã	Como posso realizá-lo

O *debriefing*

- Você costuma fazer projetos para o futuro?
- Se sim, você acha que eles podem ser realizados?
- Você fala sobre eles com alguém?
- Se sim, com quem?
- Do que você precisa para alcançar seus objetivos?

A dinâmica do movimento

Se os meios dele são o movimento, serão manifestados em uma dança; se são a imobilidade, em uma escultura viva; se são o pensamento, nos ápices mais elevados da intuição. [...]
C. Naranjo

O mundo interior manifesta-se por meio do corpo em movimento. O movimento, entendido como *gesto*, exprime uma realidade emocional e experiencial, na qual necessidades vitais e oportunidades de escolha se entrelaçam. A análise do movimento, portanto, pode tornar-se um elemento essencial de uma pedagogia do crescimento e da definição da identidade do sujeito em evolução. Com efeito, o corpo que se movimenta pode restabelecer nesse sujeito uma ideia de si mesmo concreta e, por assim dizer, material, exatamente porque está encoberta – ao menos durante o tempo da formação – pela densa névoa da categorização cognitiva. Pode-se identificar a origem do movimento na alternância dos contrastes (perto/longe, alto/baixo, em movimento/em repouso etc.), que, em um "jogo" simbólico, tornam-se metáfora da vida e expressão da ambivalência das coisas.

Nossa experiência nos ensina que, muitas vezes, ficamos submetidos a situações e fenômenos que por sua complexidade não podem ser interpretados de maneira rígida e linear. Se, por exemplo, pensarmos na religião ou na política, seria extremamente perigoso atribuirmos significados unívocos a elas, como se pudéssemos afirmar que existe apenas uma verdade. Poderíamos, então, descambar para formas de integralismo justificadas em nome de um bem absoluto.

Hoje, mais do que em outros tempos, viver conscientemente dentro da sociedade requer uma competência especial: um olhar multilateral que saiba reconhecer a complexidade para depois se chegar a uma síntese ponderada e madura. Essa qualidade representa a precondição para o desenvolvimento da consciência crítica. Olhar as coisas não apenas do ponto de vista próprio torna o indivíduo capaz de abrir-se à realidade, dialogando com ela, e de acolher a diversidade, considerando-a uma riqueza. O conhecimento e o confronto tornam-se, assim, fatores estratégicos para a formação de uma identidade pessoal.

A rigidez e a oposição são as características fisiológicas dos pré-adolescentes e dos adolescentes. As posições extremas, de que muitas vezes se fazem defensores, são, em grande parte, geradas pela necessidade de afirmar a própria individualidade e competir com os outros. Do ponto de vista educativo não podem ser subvalorizadas as dificuldades de relacionamento que decorrem disso e que deixam pouco espaço ao confronto e à negociação.

A experiência do movimento pode favorecer o desenvolvimento da capacidade de aceitar ideias, experiências e visões contrastantes. Na passagem de um extremo a outro – por exemplo, do perto ao longe –, pode-se experimentar a possibilidade de que as partes contrastantes não se excluem, mas que, ao invés disso, completam-se mutuamente. Esse é um modo de descobrir que o conflito, nascido dos contrastes, muitas vezes é funcional para a vida e o movimento. Sem o perto não pode haver o longe; sem o violento não pode haver o manso; sem o alto não pode haver o baixo; e assim por diante, em uma dinâmica que torna as diferenças conciliáveis.

É só executando o movimento que se pode compreender seu significado profundo. Mas o que é o movimento? Qual é sua origem? Como vivemos o dinamismo?

Neste capítulo tentaremos dar algumas respostas a essas perguntas e a outras tantas, para iniciarmos um percurso de busca que considere não apenas o deslocamento do corpo e de seus segmentos no espaço, mas que dê atenção a reações tônicas e emocionais que isso provoca.

Os âmbitos de investigação identificados são: "jogo dos contrários" e "corpo e conflito".

Jogo dos contrários

Esta é a forma como Laban o descreve:

> A surpreendente estrutura do corpo humano, com suas incríveis possibilidades de ação, representa um dos maiores milagres da existência. Cada fase do movimento, cada mínima transferência de peso, cada gesto de qualquer parte do corpo revela um aspecto de nossa vida interior. Todo movimento tem sua origem em uma tensão interna de nervos, causada por uma impressão sensorial imediata ou uma complicada cadeia de impressões sensoriais já experimentadas e fixadas na memória. Esse estímulo resulta em um esforço interno, voluntário ou involuntário, ou em impulso ao movimento[53].

As atividades apresentadas baseiam-se na dinâmica do movimento, na alternância entre alto e baixo, grande e pequeno, perto e longe, dos opostos que pertencem à experiência corporal de cada indivíduo.

Estes jogos se propõem a fazer com que se descubra que a passagem de um extremo a outro comporta uma transformação, às vezes gradual, quando acontece lentamente, às vezes repentina, quando acontece rapidamente, e que, por meio da dinâmica dessa transformação – por meio do movimento –, pode-se superar o dualismo inerente à contraposição das duas polaridades opostas, com vistas a uma possível harmonia.

A experiência do movimento contém em si um valor simbólico, tanto que se fala de "simbologia do movimento".

> Agir não é mais um ato intelectual, racional, mas a expressão direta de "algo" mais íntimo, mais profundo, que suscita um tal gesto, um tal comportamento, uma tal ação no lugar de outra. São as tensões emocionais subjacentes que se exprimem por meio do simbolismo do agir, e é nisso que a pessoa encontra sua autenticidade, sua verdade. O gesto, o movimento e a ação ganham,

53. Laban. Op. cit., p. 25.

> assim, uma significação simbólica; é a satisfação simbólica dos desejos mais profundos, mais autênticos[54].

Corpo e conflito

Às vezes, entramos em contato com aquele nosso lado que está em conflito. Como diz Miller,

> o corpo sabe exatamente o que nos falta, conhece aquilo de que precisamos, aquilo que suportamos com dificuldade ou a que tivemos reação alérgica[55].

No jogo simbólico aqui proposto, o conflito assumirá a forma de divergência, oposição, distância, raiva, como experiência comum que cada um de nós vive segundo nossas próprias particularidades.

Em particular, quando assume a forma de raiva, torna-se um elemento perturbador que, muitas vezes, impede a relação e o confronto com os outros. Por isso, é importante fazer uma pausa para se aprender a gerenciar essa emoção de modo construtivo. Talvez se possa, por exemplo, tentar compreendê-la, dar-lhe uma fisionomia, uma cor, um som, um sabor...

Finalmente, o que é importante compreender é que o conflito não pode ser evitado na vida: basta pensarmos na infinidade de situações incômodas, de menor ou maior intensidade, que cada um de nós vivencia todos os dias.

A respeito disso, afirma Novara:

> A ideia de que a convivência se fundamenta na ausência de conflitos é uma ideia profundamente errada, além de estar fora da realidade. Cada um de nós experimenta, no dia a dia de nossa própria experiência de relacionamentos, diversos e inúmeros conflitos e – ao invés de contrapor a dimensão da briga e do embate à da concordância, da atenção e da compreensão recíproca – deve-se refletir sobre o fato de que se trata de dois lados da mesma moeda, de dois polos da mesma

---

54. Lapierre e Aucouturier. Op. cit., p. 140-141.

55. Miller, 2005, p. 14.

> competência social. A verdadeira concordância e a efetiva compreensão recíproca, inclusive em família, originam-se da capacidade de se viverem e enfrentarem o embate e o conflito como momento do "estar com" o outro, como ocasião de reconhecimento e de prática de abertura e aceitação recíproca. A convivência nasce do conflito, não prescinde dele. Não se resolve um conflito (para que se retorne à harmonia perdida...), mas se administra: devemos aprender a retomar a comunicação e a verificar se somos capazes de trazer à tona recursos e aprendizados para contermos seus aspectos mais difíceis e perigosos, além de verificar como podemos fazê-lo[56].

Muitas vezes, acontece que uma parte do corpo é escolhida para ser palco do conflito. É considerada como "horrível" e inaceitável, e se transforma no "perseguidor" com o qual se trava uma luta sem solução alguma. Isso é típico dos pré-adolescentes e dos adolescentes.

Estamos diante de uma passagem delicada da formação dos jovens, que necessita de especial atenção para poder favorecer um processo de autoaceitação da própria individualidade.

Nesse sentido, pode ser útil apelar para o uso simbólico do corpo: por exemplo, por meio da linguagem teatral, que pode ser um canal expressivo eficaz para permitir a emersão dos conflitos e facilitar uma elaboração construtiva. Outras "ferramentas" de trabalho, coerentes e eficazes, também podem ser as técnicas do psicodrama[57] e do Teatro do Oprimido (TO)[58].

---

56. Novara, 2009, p. 38.

57. Cf. Moreno, 1985.

58. Cf. Boal, 2010.

1 O que faz o mundo andar

Objetivo

Tudo o que existe, todos os acontecimentos e cada fenômeno têm seu contrário. O próprio conceito de energia pressupõe o princípio da polaridade, na medida em que não há energia se não existe uma diferença de potencial. Uma visão dinâmica da vida pressupõe, por si mesma, diferenças de potenciais, dadas por vários pares de contrários que se exprimem em diversos níveis: físico, emotivo ou mental. Dois lados de uma mesma moeda, os contrários coexistem e dão origem ao movimento. Reconhecer essa dinâmica é o objetivo desta atividade.

Apresentação e desenvolvimento

O texto, mesmo em sua simplicidade, ajuda-nos a compreender quanto a dinâmica dos contrários envolve cada aspecto da vida. Trata-se de uma música de um famoso desenho animado da Disney, com certeza conhecido por muitos.

O moderador segue com a leitura:

Direita, esquerda, direita, esquerda,
aqui e ali, noite e dia,
isso faz o mundo andar.
Branco e preto, falso e verdadeiro,
isso faz o mundo andar.
Para cada cá, existe sempre um lá,
para cada se, existe sempre um mas,
para cada acima, existe sempre um abaixo,
para cada menos, existe sempre um mais.
Mais ou menos, vazio ou cheio,
isso faz o mundo andar.
Cá e lá, vai e fica,
olhe sempre para o alto e vá adiante,
saia da mediocridade!
Não fique só a esperar
o que por acaso pode encontrar.

Se você tem boa vontade,
o mundo tudo vai lhe dar.
Mas se você não se arrisca,
nada nunca mordisca.
Para cada menos, existe sempre um mais,
para cada abaixo, existe sempre um acima
e isso faz o mundo andar[59].

O *debriefing*

• Alguma vez você já tinha pensado na vida como movimento?

• O que significa para você a alternância de contrários?

• Geralmente, você é levado a ver mais o lado positivo ou o lado negativo? Por quê?

• O que é o movimento?

• Você se sente em movimento? De que maneira?

---

59. Extraído do desenho animado *A espada era a lei* da Disney. Memorável é a figura do mago Merlin, que dá sábios ensinamentos ao jovem Artur, o futuro rei.

2 Na terra dos contrários

Objetivo

O corpo representa um "lugar" privilegiado para a descoberta e a autorreflexão, com o intuito de se compreender a dinâmica dos contrários. Se analisarmos o movimento[60], poderemos descobrir como ele se caracteriza pela alternância entre alto e baixo, pequeno e grande, acima e abaixo etc., ou seja, por uma sucessão segundo a qual, assim que se chega a um extremo, o outro imediatamente assume o controle. Esta atividade pretende oferecer uma ocasião para buscarmos e identificarmos essa polaridade a nosso redor.

Apresentação e desenvolvimento

O moderador distribui aos participantes uma folha em que esteja reproduzido o exercício a seguir.

Para cada uma das palavras abaixo, escreva seu contrário correspondente:

forte	
alto	
grande	
perto	
rápido	
pesado	

Agora, escreva outros pares de palavras que são contrárias entre si:

60. Para aprofundar o assunto, cf. Laban. Op. cit.

Terminado o exercício, cada participante escolherá um par de palavras que serão as protagonistas de uma história fantástica (p. ex., o senhor Lento e a senhora Rápida). Poderá ser usada no início a frase: *Na terra dos contrários, havia...*

O *debriefing*

• Foi fácil ou foi difícil encontrar palavras contrárias entre si? Por quê?

• Que par de palavras virou o protagonista de sua história?

• Por que você o escolheu?

• Em sua opinião, duas qualidades contrastantes completam-se ou se excluem?

• Como se encerra sua história?

3 Mímicos experientes

Objetivo

A dinâmica dos contrários pode referir-se também às emoções. Às vezes acontece que somos apanhados, dentro de nós mesmos, pela coexistência de estados de espírito contrastantes (raiva/medo, amor/ódio etc.) que interagem entre si de maneira dialética. Não se trata de algo estranho; pelo contrário, trata-se da manifestação de que a ambivalência faz parte do ser humano. O objetivo desta atividade é o de brincar com os contrários para tornar essa dinâmica mais perceptível.

Apresentação e desenvolvimento

O moderador convida os participantes a se colocarem de pé, a formarem um círculo no centro da sala e a ficarem em uma postura relaxada (as costas retas, os pés juntos, os braços ao longo do tronco). Ele explica que a brincadeira tem o objetivo de deixar exprimirem-se as emoções por meio da linguagem corporal. Tal brincadeira, no entanto, terá a particularidade de confrontar emoções contrárias. Ao dizer AGORA, inicia-se o jogo, que estará articulado nestas três fases: 1) o moderador diz uma frase que indica determinada emoção (admiração, raiva, prazer etc.); 2) os participantes representam as emoções com mímica; 3) com um sinal do moderador (por exemplo, palmas), mudam os movimentos para interpretarem a emoção contrária. Esse procedimento será repetido a cada nova frase.

Atividade

É extremamente bom! Qual é a emoção? Represente-a com seu corpo.

Qual é seu contrário?

Ganhei! Mal posso acreditar... Qual é a emoção? Represente-a com seu corpo.

Qual é seu contrário?

Por favor, me ajudem! Qual é a emoção? Represente-a com seu corpo.

Qual é seu contrário?

Que tédio! Não consigo parar de bocejar... Qual é a emoção? Represente-a com seu corpo.

Qual é seu contrário?

Vou rir na sua cara! Qual é a emoção? Represente-a com seu corpo.

Qual é seu contrário?

Fiz tudo errado! Qual é a emoção? Represente-a com seu corpo.

Qual é seu contrário?

Agora você vai ver só! Qual é a emoção? Represente-a com seu corpo.

Qual é seu contrário?

O que você está dizendo? Isso é impossível! Qual é a emoção? Represente-a com seu corpo.

Qual é seu contrário?

Fique longe de mim ou eu te pego! Qual é a emoção? Represente-a com seu corpo.

Qual é seu contrário?

Só estou brincando... Qual é a emoção? Represente-a com seu corpo.

Qual é seu contrário?

Não aguento mais você! Qual é a emoção? Represente-a com seu corpo.

Qual é seu contrário?

O *debriefing*

- Foi fácil fazer mímica de emoções contrárias entre si? Por quê?
- O que você entendeu com essa atividade?
- Já lhe aconteceu que vivenciasse, ao mesmo tempo, emoções contrárias?
- Se sim, você pode nos contar?
- Em sua opinião, há como deixá-las harmoniosas?

4 Pequenos ou grandes?

Objetivo

O processo de crescimento, de evolução da pessoa, também depende da dinâmica entre múltiplas polaridades. Com efeito, é durante a pré-adolescência e a adolescência que, de maneira particular, emoções contrastantes coexistem, as quais por muitas vezes ocasionam conflitos interiores. As progressivas transformações do corpo, da mente e do pensamento determinam uma nova condição, quase traumática, que leva à quase forçada separação de algo que não mais voltará, a infância, e à progressiva aproximação de algo que ainda não se conhece, a idade adulta. Esta atividade tem o objetivo de proporcionar uma ocasião para se refletir sobre essa passagem fundamental da vida.

Apresentação e desenvolvimento

O processo de crescimento impõe mudanças radicais. Mas como elas podem ser vividas? O trecho a seguir dá uma mostra de tal experiência interior. O moderador segue com a leitura:

> Há algo diferente em mim. Sinto-me mergulhada em um processo lento, que não consigo compreender... Não sou, estou confusa... A adolescência é como um caminho tortuoso do qual saem, à direita e à esquerda, muitas vielas e eu não sei qual delas é a certa. E o que mais me preocupa é eu ter perdido meu espírito de criança, que, leve como uma pena, tem me guiado até agora...
>
> Eu sei que não poderei voltar e estou aqui, passando por essa mudança, sem saber o porquê. A adolescência me pegou de surpresa... e agora parece que o mundo está caindo sobre mim... É um período crítico que está me levando na direção daquela que é a realidade, a verdadeira, e me desviando da forjada felicidade infantil...
>
> Às vezes, fico sozinha e sou tomada por um pensamento atraente: a vida, com todo o seu mistério, está me fazendo ficar grande! E, por isso, sinto uma alegria irresistível, que explode em meu peito, mas não sei se

é de fato uma alegria. Então, todos os pensamentos que invadem minha mente interrompem-se por um momento, como que para olharem a seu redor, e decidem viver, dia após dia, esse período da vida que é, verdadeiramente, o mais fugaz de todos... São esses os pensamentos que me mostram quanto o mundo é diferente de como eu o imaginava. Para mim, iniciou-se uma nova vida[61].

O *debriefing*

- Quais emoções exprime a autora?
- Você compartilha delas? Por quê?
- Neste momento, você está se sentindo "pequeno" ou "grande"?
- Você sabe dizer do que você gosta da infância?
- Como você se imagina como adulto?

61. Legalmente retirado de: "Repubblica@scuola. Il giornale con gli studenti". A tradução é nossa.

5 Estou em conflito

Objetivo

O conflito também pode ser considerado um "movimento" interior que contempla posições contrárias entre si. Típica dos pré-adolescentes e dos adolescentes, por exemplo, é a contraposição entre a vontade de distanciar-se dos pais e o medo de enfrentar o mundo com autonomia, ou entre o desejo de quebrar as regras e a necessidade de precisar respeitá-las. O conflito é parte integrante do processo de crescimento da pessoa e, se bem controlado, tem uma função gerativa fundamental. Trata-se de um modo de "medir" as próprias forças e uma necessidade imprescindível para facilitar a individualização e a autoafirmação de si mesmo. Esta atividade tem o objetivo de proporcionar uma modalidade de análise dos conflitos para se aprender a compreendê-los melhor.

Apresentação e desenvolvimento

O moderador distribui a cada um dos participantes três pedaços de papel nos quais estarão escritas estas três frases: "Um conflito com seus pais", "Um conflito com seus professores", "Um conflito com seus amigos". Depois de ter esperado alguns minutos para que eles preencham os papéis, o moderador pede-lhes que formem um círculo com as cadeiras, depositem no centro do círculo os papéis preenchidos e se sentem. Explica, então, que, a cada vez, vai pegar um papel ao acaso, ler a resposta e propor um trabalho coletivo de análise do conflito, de acordo com algumas perguntas escritas em um cartaz:

- Qual é o objeto do conflito (ações, comportamentos, atitudes etc.)?
- Quem são os protagonistas?
- Quais são as razões de um?
- Quais emoções ele exprime?
- Quais são as razões de outro?
- Quais emoções ele exprime?

• Como se pode transformar esse conflito?
• Quais são as soluções possíveis?
• Que mudanças podem ser realizadas?

As respostas às perguntas serão fruto de discussão entre os membros do grupo. O moderador terá a tarefa de estimular a participação de todos e de sintetizar as várias opiniões. Depois da análise de muitas situações conflituosas, o moderador convida os participantes a escolher qual delas consideram mais intimamente ligada à própria experiência. A escolhida poderá ser representada por meio da técnica do "Teatro-fórum"[62].

O *debriefing*

• Você costuma estar muitas vezes em conflito com alguém? Por quê?
• De maneira particular, com quem?
• Como você reage?
• Como se sente?
• Qual é o conflito?

---

62. O "Teatro-fórum" é um método do Teatro do Oprimido (TO) que consiste em encenar uma situação "opressora" para se lhe encontrarem soluções. Pode ser considerado um *brainstorming* sobre temas sociais que se realiza por meio da linguagem corporal e teatral. As cenas representadas são breves e devem ser realizadas mais de uma vez. Durante a primeira, escolhem-se os intérpretes e o público encontra e individualiza erros e problemas. Em seguida, o moderador (mediador) pergunta aos espectadores se pode deixar desenvolver-se a situação. A cena recomeça uma segunda vez e o público pode interrompê-la, quando achar mais oportuno, para propor alternativas substituindo uma das personagens ou criando uma nova. A cena poderá ser repetida por mais vezes. Assim, o público descobre quais são as consequências de cada nova proposta. Depois de cada intervenção, o mediador propõe perguntas aos espectadores para estimular a participação de todos e a busca de soluções. No final do exercício, o mediador resume as alternativas e as soluções que o público considerou mais pertinentes. Trata-se de uma forma de teatro que se propõe a ser um instrumento de processamento de conflitos pessoais e coletivos e a incitar a criatividade.

6 A cenoura pendurada na vara

Objetivo

A agressividade é a imposição da própria vontade de existir, de se autoafirmar. Ela é parte integrante do movimento da vida e, portanto, deve ser vista sem culpa. Convém, então, orientá-la para comportamentos aceitáveis para a sociedade e valorizá-la no processo dinâmico de afirmação pessoal. Por meio de um jogo de simulação, esta atividade proporciona a ocasião de movimentar a própria agressividade para torná-la mais consciente e construtiva.

Apresentação e desenvolvimento

O moderador convida os participantes a se dividirem em dois grupos e a ficarem um de frente para o outro, com uma distância de aproximadamente 3 metros, em duas fileiras paralelas, de modo que cada integrante de um grupo tenha um par correspondente no outro. O moderador pede aos pares assim dispostos que se identifiquem e, por um momento, olhem-se nos olhos. Avisa que dará início a um jogo de simulação que tem o objetivo de expressar de maneira criativa, sem violência ou vulgaridade, a força agressiva que há dentro de cada um de nós.

Ao dizer INÍCIO, o moderador pede às duplas que caminhem para frente e se aproximem muito lentamente, um olhando nos olhos do outro e trocando entre si frases de gentileza. Ao se dizer FIM, as duplas param de caminhar, estando um integrante parado próximo ao outro, frente a frente, com o olhar em contato. Ao se dizer INÍCIO novamente, o moderador pede às pessoas que caminhem para trás, sem deixarem de se olhar nos olhos, mas trocando entre si frases de agressividade. Ao se dizer FIM, as duplas param de caminhar, permanecendo, a distância, um de frente para o outro, sem deixar de manter o olhar em contato. Esse procedimento será repetido várias vezes e o moderador tomará o cuidado de solicitar aos participantes que se expressem ora gentilmente (enquanto estão se aproximando), ora agressivamente (enquanto estão se distanciando), usando palavras e gestos diferentes para cada uma das situações.

O *debriefing*

- Você gostou dessa atividade?
- Você expressou com mais dificuldade a gentileza ou a agressividade? Por quê?
- Como você expressa sua agressividade quando está na escola? E quando está em casa?
- Quando é preciso expressar nossa agressividade?
- E quando é prejudicial fazê-lo?

7 A luta como lugar de encontro

Objetivo

O contato corporal com outra pessoa não é, sempre e facilmente, aceito e procurado de maneira espontânea, a não ser em algumas situações, como as de agressão, ao se pegar, puxar, empurrar etc., ou seja, durante a dinâmica da luta. Parece que, em muitas situações, o desejo de encontrar-se com outra pessoa realiza-se na oposição. Esta atividade tem o objetivo de "utilizar" a oposição e a agressividade como "pretextos" para o encontro com outra pessoa ou com outras pessoas.

Apresentação e desenvolvimento

O moderador explica aos participantes que, por meio de uma simulação, encenarão uma "batalha" entre duas facções contrárias. Ele deverá frisar que não se deve usar violência e que a luta deve ser uma ocasião para se divertirem. O jogo terá regras claras e precisas, dentre as quais deve necessariamente figurar a de respeito ao ambiente e às outras pessoas.

Ele, então, divide os participantes em grupos formados por, no máximo, sete componentes, e pede a cada um dos grupos que nomeie um representante. Aos representantes dos grupos entrega uma folha em que estará reproduzido um esquema como este:

TÍTULO DO JOGO:

OBJETIVO:

NÚMERO DE PARTICIPANTES:

LOCAL DE REALIZAÇÃO:

FACÇÕES CONTRÁRIAS:

DESENVOLVIMENTO:

REGRAS:

PENALIDADES:

FIM DO JOGO:

Seguindo esse esquema, cada grupo terá o tempo de 30 minutos para inventar seu próprio jogo. Terminado o tempo, cada representante lerá para todos o esquema de seu grupo. Terminada a leitura de todos os esquemas, haverá uma votação para se determinar qual jogo é considerado o melhor. Nesse ponto, o moderador, depois de reler as instruções do jogo escolhido, dará início à sua realização. Se tiver sido escolhido um jogo de movimento, o moderador deverá ter preparado um espaço adequado e seguro.

O *debriefing*

- Como se encerrou o jogo?
- Você ficou satisfeito com o jogo? Por quê?
- Você se sentiu respeitado ou agredido por seus adversários?
- O jogo poderia ter terminado de uma maneira diversa? Como?
- Como a luta pode tornar-se um encontro entre pessoas?

8 De cá... ou... de lá

Objetivo

Durante o processo de crescimento, às vezes atravessamos momentos de perda. Parece, então, que tudo se torna incompreensível, confuso, semelhante a uma paisagem coberta por uma camada de névoa. O que fazer? Como se encontra o caminho "certo"? É precisamente durante as fases de perda que se podem processar assuntos e sentimentos profundos, tomar decisões importantes. Por isso, nesses momentos, precisamos dar um tempo a nós mesmos, sem forçarmos, com a certeza de que a tal camada de névoa desaparecerá de repente. Por se tratar de uma condição natural não é preciso intimidar-se, mas deve-se aprender a administrar a incerteza. Esta atividade faz com que os jovens entrem em contato com essa particular condição, para que possam refletir sobre sua própria experiência.

Materiais

Uma folha e uma caneta para cada um dos participantes.

Apresentação e desenvolvimento

Trata-se de um trecho evocativo, que facilmente leva o leitor a se identificar na situação vivida pelo protagonista. Junto a este, ele pode experimentar aquela sensação de perda que provém do fato de se ter desviado do caminho. O moderador prossegue com a leitura deste trecho:

> Como o Sol já estava alto, entre as árvores reinava uma espécie de crepúsculo. Em meio a troncos robustos, cresciam as sombras, espalhando-se e esticando-se.
>
> De súbito, o caminho deixou de existir. Ao redor dele, havia apenas o bosque.
>
> "Apenas um passo", pensou Joel. Apenas um passo e o mundo todo desaparece. Escutou o vento que sussurrava.
>
> Ele devia exercitar-se na arte de se perder. Ele teria feito alguma coisa que ninguém jamais havia feito antes

> dele. Ele teria demonstrado que podem perder-se não apenas aqueles que escolhem o caminho errado.
>
> De repente, um corvo levantou voo desde o alto de uma árvore. Joel estremeceu como se o corvo estivesse a seu lado. Depois surgiu de novo o silêncio.
>
> O corvo o tinha assustado. Rapidamente, ele deu um passo para trás e verificou se ainda existia o mundo. Pendurou sua mochila em um galho que se estendia acima dele e contou dez passos, entrando na floresta. Depois, contou mais dez. Quando se virou, já não conseguia ver a mochila. Fechou, então, os olhos e andou várias vezes em volta de si mesmo, para fazer sua cabeça rodar e poder perder a orientação. Quando os reabriu, não sabia em que direção deveria andar. Pronto: havia se perdido! Ao redor dele reinava o silêncio[63].

Terminada a leitura, o moderador distribui uma folha e uma caneta a cada um dos participantes, convidando-os a criar um fim para a narração. O que faz Joel nesse momento?

O *debriefing*

- A você também já aconteceu perder o caminho? Se sim, você pode nos contar?
- O que se sente naquele momento?
- Frente à incerteza, como você se comporta?
- Você pede ajuda para lidar com a incerteza ou lida sozinho com ela?
- Você se sente capaz de encontrar soluções para seus problemas? Por quê?

63. Mankell, 2010, p. 8-9.

9 O calcanhar de Aquiles e os cabelos de Sansão

Objetivo

Conhecer a si mesmo não é uma tarefa fácil. Tal tarefa pressupõe a capacidade de descobrir as próprias limitações e os próprios dotes. O primeiro passo pode ser o de aprendermos a observar a nós mesmos, sem julgamentos, tentando descrever como percebemos algumas partes de nosso corpo. Esta atividade dá a ocasião de pormos isso em prática, ao colocarmos nosso próprio corpo como objeto de investigação.

Materiais

Uma folha para cada um dos participantes e alguns lápis de cor.

Apresentação e desenvolvimento

Depois de distribuir uma folha A4 para cada um dos participantes, com algumas caixas de lápis de cor, o moderador explica que cada um deles deverá desenhar a silhueta de seu próprio corpo, de maneira esquemática e apenas com os traços fundamentais. Diz, então, que o objetivo não é realizar um desenho perfeito, mas colorir alguns "lugares" do corpo que possuem características particulares: aqueles que se apresentam limitados (contraídos, pesados, rígidos etc.) e aqueles que se apresentam fortalecidos (musculosos, relaxados, tonificados etc.). Cada um dos participantes escolherá, a seu gosto, dois lápis de duas cores diferentes (p. ex., um vermelho e um azul) que deverão corresponder a duas características físicas dignas de serem lembradas. Depois de dar um tempo para a realização da atividade (p. ex., 15 minutos), o moderador permite o trabalho individual sem nele interferir, dando liberdade a cada um para se expressar com criatividade. Terminada essa etapa, pede aos participantes que formem duplas e apresentem a seus pares, alternadamente, sua própria silhueta colorida.

O *debriefing*

- Quais partes de seu corpo você percebe limitadas? Quais partes você percebe fortes?
- Você aceita essa situação ou gostaria de modificá-la?
- O que significa para você uma limitação?
- O que significa para você um dote?
- Como você reage a essas duas situações contrárias?

10 Em movimento

Objetivo

Estar no corpo e aprender a senti-lo quer dizer conectar-se ao próprio movimento. Isso pode se realizar ao se dar intencionalidade à postura, ao gesto, à expressão do rosto etc.. Dar intencionalidade quer dizer direcionar a vontade e a atenção para algo determinado. O objetivo desta atividade é desenvolver uma consciência cinestésica, capturando a conexão entre o corpo "sentido" e o gesto expresso, para que possamos conseguir "pensar" em termos de movimento. Poderemos descobrir, então, que se amplificam a força e a espontaneidade da comunicação do corpo quando se dá intencionalidade ao movimento.

Apresentação e desenvolvimento

Como o corpo se comunica? O trecho a seguir dá uma resposta a essa pergunta, chamando a atenção do leitor para um personagem que demonstra algo especial por meio de sua maneira de movimentar-se. E poderíamos todos nos tornar um pouco "especiais"?

> Os jogadores entraram em campo e, daí em diante, a coisa começou a me pegar. De início, isso não estava claro para mim, havia apenas as mesmas imagens de sempre, mas me causavam um efeito novo, como cócegas, uma suspensão, um "segurar a respiração". [...] Quando os jogadores neozelandeses começaram o Haka[64], eu compreendi. Entre eles estava um maori, alto e muito jovem. Foi ele que imediatamente chamou minha atenção: primeiro, sem dúvida, por conta de

64. O Haka é a dança típica do povo maori, originário da Nova Zelândia, que é muitas vezes simplesmente (embora de forma equivocada) considerada uma dança de guerra. Ela pode ser uma manifestação de alegria, de dor, uma forma de expressão livre que proporciona a quem a executa momentos de liberdade nos movimentos. De qualquer maneira, trata-se de um ritual que procura impressionar, como se pode notar bem a partir das exibições da All Blacks, a seleção neozelandesa de *rugby*: eles giram, arregalam os olhos, mostram os dentes, põem a língua para fora, batem violentamente no peito e nos antebraços; assim dão uma mostra de força e coragem, que se relaciona ao espírito guerreiro dos maoris (Fonte: Wikipedia).

sua altura, mas depois pelo modo como se movimentava. Um movimento muito estranho, muito espontâneo, mas, sobretudo, muito concentrado – concentrado em si mesmo, quero dizer. A maior parte das pessoas, quando se movimenta, na verdade movimenta-se em função daquilo que está à sua volta. Exatamente neste momento, enquanto escrevo, eis que Constitution passa esfregando a barriga no chão. Essa gata não tem nenhum projeto de vida concreto, e, mesmo assim, se dirige a alguma coisa, provavelmente uma poltrona. Veja-se o modo como ela se movimenta: vai em direção a. Eis que minha mãe passa caminhando até a porta, sai para fazer compras e, de fato, já está do lado de fora, seu movimento antecipa-se a ela própria. Não sei bem como explicar, mas, durante o deslocamento, o movimento direcionado de alguma maneira nos desintegra: estamos aqui e, ao mesmo tempo, não estamos aqui, porque estamos caminhando para outro lugar, não sei se me faço entender. A fim de pararmos de nos desintegrar, precisamos estar imóveis. Ou você se movimenta e já não fica inteiro, ou você está inteiro e não consegue movimentar-se. Mas aquele jogador, assim que o vi entrar em campo, percebi logo que era diferente: a sensação de vê-lo mexer-se, precisamente assim, mesmo permanecendo parado. Absurdo, não é mesmo? Quando começou o Haka, observei principalmente aquele jogador. [...] Ele se movimentava, fazia os mesmos movimentos que os outros (batia as palmas das mãos nas coxas, pisava o chão com certo ritmo, tocava seus cotovelos, olhava os adversários diretamente nos olhos com um ar de guerreiro nervoso), mas, enquanto os gestos dos outros eram direcionados aos adversários e a todo o estádio que os observava, os gestos daquele jogador permaneciam nele, permaneciam concentrados nele mesmo, e isso lhe garantia uma presença, uma intensidade inacreditável. [...] O jogador maori transformava-se em uma árvore, em um enorme carvalho, indestrutível, de raízes profundas, um esplendor potente, e todos o sentiam. Tinham, ainda, a certeza de que o grande carvalho poderia voar, que seria veloz como o vento, apesar de suas raízes profundas ou graças a suas raízes profundas.

> E, assim, assisti ao jogo com atenção, procurando sempre a mesma coisa: momentos compactados em que um jogador se tornasse um todo com seu movimento, sem fragmentar-se ao se direcionar para algum lugar[65].

Terminada a leitura, o moderador convida os participantes a ficarem de pé na sala e explica que deverão reproduzir alguns movimentos, com particular atenção durante sua execução. Depois, faz a divisão de todos em dois grupos (A e B) e, respectivamente, dá ao primeiro a tarefa de reproduzir os movimentos e ao segundo a tarefa de observar os movimentos. Aos integrantes do grupo B entregará uma folha em que deverão ser recolhidas suas observações e suas reflexões. O moderador dá início ao jogo, lendo para o grupo A as indicações para o primeiro movimento, representado pela indicação deixada ao lado, e dando alguns minutos para a realização. Enquanto isso, o grupo B observa o movimento e escreve o que observou. Esse procedimento será repetido para os quatro primeiros movimentos. Depois, o moderador pedirá aos participantes que troquem os papéis: então, o grupo B assumirá a tarefa de reproduzir os movimentos, e o grupo B assumirá a tarefa de observá-los e anotá-los.

---

65. Barbery, 2010, p. 33-34.

Grupo A
Indiquem um objeto = andem em frente como uma flecha
Grupo B
O que acontece? ____________________________________

Grupo A
Deem certa distância = distanciem-se, afastem-se de...
Grupo B
O que acontece? ____________________________________

Grupo A
Permaneçam em vocês mesmos = segurem-se dentro de vocês mesmos, concentrem-se
Grupo B
O que acontece? ____________________________________

Grupo A
Oscilem entre dois polos contrários = sintam-se jogados de lá e de cá, titubeantes
Grupo B
O que acontece? ____________________________________

Grupo A
Sejam presentes = sintam-se como uma árvore, conscientes do que vocês são
Grupo B
O que acontece? ____________________________________

Grupo A
Soltem a respiração = alternem lentamente o ritmo entre a inspiração e a expiração
Grupo B
O que acontece? ____________________________________

→

Grupo A

Dominem seus braços = iniciem e terminem o movimento no mesmo lugar, permaneçam

Grupo B

O que acontece? ______________________________

Grupo A

Encontrem o equilíbrio entre a cabeça e os pés = prestem atenção simultaneamente

Grupo B

O que acontece? ______________________________

No fim da reprodução de todos os movimentos, o moderador pede aos participantes que emitam sua opinião sobre a experiência.

O *debriefing*

- Você conseguiu movimentar-se seguindo as indicações?
- O que você sentiu dentro de si?
- Por outro lado, como você desempenhou seu papel de observador?
- O que você observou nos outros?
- É mais fácil movimentar-se ou observar? Por quê?

O corpo social

Sou um espelho
e quem me olha,
fale bem ou fale mal,
fala de si mesmo.
O. Khayyam (poeta sufista)

Desde sempre, o corpo é objeto de crenças, preconceitos e mitos que influenciam os costumes e as tradições de um povo em uma determinada época. Trata-se de um comportamento cultural que se modifica no tempo, caracterizado por uma concepção própria de lidar com a corporalidade. Tal comportamento é um indicativo do valor atribuído ao ser humano como um todo, portanto a expressão *nós somos corpo* pretende enfatizar a necessidade de nos reapoderarmos dessa nossa parte, com o objetivo de realizarmos um processo de integração e de valorização pessoal.

Atualmente, o corpo é cada vez mais refém de modelos culturais narcisísticos, inspirados por um desumano culto da beleza, muitas vezes associado a tentadores atrativos, como a riqueza, o poder, a felicidade, o bem-estar. O corpo belo e sedutor torna-se a única chave para o sucesso e é por isso que vem sendo exposto, remodelado, rejuvenescido, transformado no mais perfeito possível. Os meios de comunicação de massa enfatizam a figura do corpo e consagram ídolos masculinos e femininos que se tornam objetos de um "mercado" em rápida evolução.

Alguns contextos midiáticos, como os *reality shows* e os *shows* de talento, são marcas de um mundo que oferece notoriedade e ganhos fáceis, a que poucos conseguem ter acesso – apenas os que são considerados mais sortudos. Acontece que pessoas comuns transformam-se em "personagens", construindo para si uma falsa identidade, inclusive de maneira agressiva, provocante e transgressora. A fama deles dura o tempo de uma só temporada e, na maioria das vezes, ela é sucedida por esquecimento e decepção.

A manipulação criada pelas linguagens dos meios de comunicação de massa causa, especialmente nas pessoas em fase de desenvolvimento, desorientação e incerteza para se compreenderem os significados do mundo real e diferenciarem os limites entre a fantasia e a realidade. Quando acontece isso, vive-se em um estado "subliminar" que desorienta e confunde, de modo que se torna difícil entender o que é "ficção" e distingui-la do mundo real.

A moda está entre os primeiros receptores, indicadores e promotores dessas mudanças, seja divulgando imagens de pré-adolescentes e adolescentes em poses e com comportamentos ambíguos ou claramente eróticos, seja propondo coleções de roupas infantojuvenis típicas dos comportamentos adultos. Está em processo uma verdadeira troca quanto aos gostos e às atitudes de cada geração e essa troca possibilita, por um lado, que os produtos voltados para crianças e jovens (particularmente quadrinhos, programas de tevê e *videogames*) encontrem novos mercados junto ao público adulto e, por outro lado, que os produtos voltados para adultos (particularmente a moda e os eletrônicos de consumo) encontrem novas oportunidades de mercado entre a multidão de jovens.

A conquista da identidade passa pelo desvelamento de tantos enganos culturais que nos dias de hoje, assim como antigamente, dissolvem a essência do sujeito. O conhecimento do próprio potencial, dos próprios pontos fortes ou fracos, das próprias limitações e dos próprios dotes pode favorecer a "aceitação de si mesmo", o que é um pré-requisito para um processo de *individualização* pessoal. Em especial, tentaremos fazer com que se redescubra o conceito de "intimidade", que talvez tornou-se obsoleto em uma época na qual estão na moda a ostentação e o exibicionismo.

Com certeza, a identidade de uma pessoa está sempre ligada à sua imagem, à sua corporalidade. Nos dias de hoje, porém, o que preocupa é a "deformação" criada pelos padrões artificiais difundidos por um determinado tipo de cultura midiática, que, não raramente, são causadores de verdadeiras patologias. Às vezes, durante a pré-adolescência e a adolescência, o amadurecimento sexual do corpo fica à sombra de ideais narcisísticos muito elevados: dominados por essas expectativas, os jovens estão sujeitos a se decepcionarem com a transformação e o aspecto do novo corpo. Essa sucessão de mudanças leva alguns a manipularem violentamente seu próprio corpo, para se fazer uma transformação que o torne aceitável ou que o puna por suas características mortificantes, até o limite da sobrevivência.

Neste quarto capítulo, propomos que se "cuide" de si mesmo e do próprio corpo, em uma reflexão sobre as maneiras pessoais de lidar com a própria imagem em relação à comida, às emoções, à influência dos outros e, sobretudo, dos meios de comunicação de massa.

Os âmbitos de investigação identificados são: "a imagem de si mesmo" e "corpo e sociedade".

A imagem de si mesmo

O que é a imagem do corpo? É a representação mental que cada um de nós tem de seu próprio corpo, é "uma realidade sempre presente, mas sujeita a mudanças no decorrer do tempo, que se origina e organiza em um plano sensorial, emocional, imaginativo, criativo e relacional"[66].

Por imagem do corpo não se deve entender apenas aquilo que vemos quando estamos diante de um espelho, mas também – e sobretudo – a percepção que temos de nós mesmos enquanto corpo. Em última análise, trata-se da imagem mental que cada um tem da forma, da dimensão e do tamanho de seu próprio corpo e dos sentimentos que sente em relação a essas características e às diversas partes do corpo. Tal imagem traz consigo várias questões que se relacionam não só com a maneira como nós percebemos nosso corpo, mas também com a maneira como os outros nos percebem e, assim, qual é a importância dos fatores psicológicos e sociais nessa construção e quão importantes eles são.

66. Cf. Schilder, 1973.

Fazer com que os jovens tomem consciência de sua própria imagem física significa facilitar o desenvolvimento da autoestima, sobretudo durante a pré-adolescência e a adolescência. Com esse objetivo, propõem-se atividades e exercícios úteis para uma investigação individual que se amplia para uma coletiva.

Corpo e sociedade

Como os meios de comunicação de massa apoderaram-se da imagem do corpo?

O objetivo a que nos propomos aqui é o de explicitar o quanto o mito da "beleza" e da "perfeição" tornou-se perigoso tanto de uma perspectiva física quanto de uma psicológica.

Tentaremos, portanto, estimular a capacidade de observar, refletir e confrontar situações e experiências com a finalidade de se reconstruírem significados e alcançarem elaborações pessoais compartilhadas.

De fato, os jovens estão, com demasiada frequência, insatisfeitos com seu físico e consideram-no um inimigo a ser combatido com dieta, cirurgia plástica e ginástica contínua, chegando ao ponto de desencadearem alguns mecanismos de verdadeiras doenças, como anorexia e bulimia.

A excessiva importância dada à imagem física é fruto da convicção errônea de que, para sermos socialmente aceitos, é necessário apresentar-nos com uma forma "deslumbrante", como a dos modelos apresentados pela mídia.

Assim, este percurso procura trazer à tona a insatisfação com o corpo e a sensação de inadequação, típicas dos pré-adolescentes e dos adolescentes, a fim de tentarmos encontrar meios eficazes para que cheguem à aceitação de seu próprio físico.

1 Você gosta de seu corpo?

Objetivo

Por imagem do corpo não se deve entender somente a pura percepção do corpo, mas também – e sobretudo – a representação que temos dele. É, principalmente, essa imagem do corpo que constrói a autoestima do indivíduo. Durante a pré-adolescência e a adolescência, o autoexame, unido à aceitação da própria experiência corporal, torna-se o pré-requisito necessário para o crescimento. Esta atividade tem o objetivo de propor um instrumento de investigação útil para se trazer à tona a experiência de cada um.

Apresentação e desenvolvimento

O moderador introduz o argumento e convida os participantes a responderem, sem darem seu nome, ao questionário reproduzido a seguir. Determina-se um tempo máximo para seu preenchimento (p. ex., 20 minutos) e se inicia o trabalho individual.

Questionário

Marque com um X a resposta que você considerar correta.

1) Para você, agradar aos outros representa:
☐ Uma necessidade.
☐ Um desejo.
☐ Uma preocupação menor.

2) Seu corpo é:
☐ Atraente.
☐ Normal.
☐ Inadequado.

→

3) Você gostaria de melhorá-lo?
☐ Sim.
☐ Não.
☐ Em parte.
☐ Não sei.

4) Você prefere:
☐ Exibir-se.
☐ Competir.
☐ Colaborar.
☐ Ficar quieto em seu canto.
☐ Fazer com que as pessoas percebam sua presença.

5) Você considera importante assemelhar-se às estrelas de sucesso?
☐ Sim.
☐ Não.
☐ Em parte.
☐ Não sei.

6) Você gosta de seguir a moda?
☐ Sim.
☐ Não.
☐ Em parte.
☐ Não sei.

7) Quando está com outras pessoas, você:
☐ Deixa-se levar por elas.
☐ Quer comandá-las.
☐ Tem vontade de as influenciar.
☐ Relaciona-se com elas.

8) O que você prefere?
☐ Ser escolhido entre muitos concorrentes.
☐ Vencer uma competição.
☐ Ficar de lado.
☐ Não sei.

→

9) O que você quer inspirar às outras pessoas?

☐ Simpatia.

☐ Admiração.

☐ Estima.

☐ Não sei.

10) Quando está em meio a outras pessoas, você se sente à vontade?

☐ Absolutamente.

☐ Quase sempre.

☐ Às vezes.

☐ Nunca.

Quando acabar o tempo, o moderador pede aos participantes que entreguem os questionários, que serão recolhidos de modo a permanecerem anônimos. Então, ele pegará um por vez, aleatoriamente, e o lerá em voz alta. De quando em quando, o moderador fará perguntas com o objetivo de estimular os participantes a confrontarem suas várias experiências.

O *debriefing*

- Você teve dificuldade para responder ao questionário? Por quê?
- Você gostaria de se aprofundar nesse tema?
- Durante o debate, você ficou impressionado de maneira especial com o quê?
- Daquilo que disseram os outros, você compartilha do quê? Por quê?
- E do que você não compartilha? Por quê?

2 O que dizem sobre você?

Objetivo

Durante a pré-adolescência e a adolescência, o corpo cresce e se transforma mais rápido do que a mente. É nesse momento que devemos "vestir", quase sempre com pouquíssima satisfação, um corpo "novo". Por isso, muitas vezes sentimos que somos "feios", insuficientes. Nessa fase da vida, torna-se importantíssimo o confronto com aquilo que dizem as outras pessoas – mais velhas ou da mesma idade – sobre o modo de ser. Um processo de autodeterminação e de autoestima envolve, inclusive, uma elaboração dessas questões que, frequentemente, tornando-se "julgamentos" de apreço ou desprezo, influenciam de forma ou positiva ou negativa a imagem que cada um tem de si mesmo. Esta atividade tem o objetivo de trazer à tona o que os outros "dizem de nós", de modo a nos tornarmos conscientes das expressões pessoais que consolidam isso em experiências.

Apresentação e desenvolvimento

No fragmento apresentado, a voz é de um adolescente que está convencido de que não é aceito por sua mãe. Em suas palavras, percebemos certa amargura, às vezes disfarçada por ironia, em razão dos pensamentos de desvalorização que parece captar a partir dos comportamentos maternos.

O moderador lê o fragmento seguinte:

> Minha mãe tinha ficado como que obcecada com a ideia de que deveria, acima de tudo, fazer algo por mim antes que fosse tarde demais. Segundo ela, eu era um aglomerado ambulante de tudo o que há de errado em um adolescente. Eu estava acima do peso, eu ia mal na escola. E ela não estava muito animada nem mesmo com minhas amizades.

> Ela estava com a ideia fixa de que eu deveria ter aulas particulares em alguns dias da semana. Depois do jantar, ela telefonou para a mãe do Mateus pensando que talvez pudesse conseguir o nome de um professor particular... os pais dos "jovens problemáticos" deveriam estar unidos, certo? Em vez disso, fofocaram bastante sobre uma tal namorada nova do Mateus.
>
> Existe alguma coisa nos pais de meu bairro que os torna extremamente competitivos. Devem sempre comparar seus preciosos filhos... quando começaram a andar, quando falaram pela primeira vez, como estão indo na escola, que tipo de distração eles têm, que coisas maravilhosas disseram, como estão se saindo nos esportes e na música, quantos amigos eles têm, as provas em que foram aprovados. E essa lista vai crescendo mais e mais.
>
> É um jogo que minha mãe sente o dever de jogar e, infelizmente, é um daqueles de que ela sempre sai perdedora. Algumas vezes, eu a escuto enquanto fala com outra mãe no telefone. Ela diz, em tom de desespero: "Ah, o meu Ti se entende bem com todo mundo" ou "As únicas coisas que ele não sabe da internet não são necessárias". Na linguagem de pais e mães, esse tipo de discurso esconde esta única mensagem, forte e clara: "Eu estou fazendo o melhor que posso, mas o fato é que meu filho é um completo fracasso"[67].

Depois da leitura, o moderador faz algumas perguntas aos participantes para orientar e estimular um debate sobre o sentido da aceitação ou da rejeição que parte dos outros. Para enfrentar esse argumento, um tanto delicado, é necessário trazer as experiências à tona sem perguntar demais e sem entrar em muitos detalhes (identificando pessoas e temas específicos). O papel do moderador será demonstrar como é "normal" que todos sejam ou apreciados ou desprezados. O que conta é aprender a recolher

---

67. Blacker, 2009, p. 133-134.

das opiniões de outras pessoas as sugestões necessárias para a melhora pessoal, deixando de lado os que foram ditos apenas para destruir. É importante avivar uma capacidade de se regular, capacidade que só pode ser conseguida por meio das experiências de vida e da consolidação do próprio Eu.

Para se aprofundarem no tema, o moderador distribui aos participantes uma folha A4 em branco e desenha, em uma cartolina ou em uma lousa, um quadrado dividido em quatro quadrantes[68].

68. A "Janela de Johari" (ou *Johari Window*) foi inventada, em 1955, por Joseph Luft e Harry Ingham, que misturaram as iniciais de seus nomes. A referência conceitual desse esquema está ligada a aspectos da comunicação interpessoal e à dinâmica de grupo. Ele define as relações interpessoais com quatro quadrantes baseados em duas dimensões. Na dimensão vertical, verifica-se o grau de conhecimento que a pessoa tem de si mesma quanto a sua personalidade, a seus comportamentos e às impressões ou às emoções que transmite a outras pessoas. Este último tipo de conhecimento só pode ser conseguido de fora para dentro: por isso, um modo de determinar o valor dessa escala é a frequência com que alguém, de maneira explícita, pede um parecer sobre seu comportamento ou sobre as impressões que tenha causado. Já na dimensão horizontal, verifica-se o grau de conhecimento que outras pessoas têm de determinado indivíduo. A combinação das duas dimensões leva à identificação de quatro áreas, nas quais as informações são depreendidas em 360 graus: personalidade, conhecimentos, emoções e capacidades. O primeiro quadrante, chamado "Arena", representa as informações conhecidas tanto pelo próprio indivíduo quanto por outras pessoas e, nesse sentido, é também definido como "área pública". O segundo quadrante, chamado "Fachada", compreende as informações que o indivíduo tem sobre si mesmo, mas que outras pessoas não sabem, e é definido também como "área privada". O terceiro quadrante, chamado "Ponto cego", inclui as informações sobre o indivíduo conhecidas por outras pessoas, mas desconhecidas para ele: a única maneira que o indivíduo tem para acessar essas informações da "área cega" é a de pedir diretamente (de forma mais ou menos expressa) a opinião de outras pessoas. O quarto quadrante, chamado "Desconhecido", constitui-se das informações desconhecidas tanto para o indivíduo quanto para outras pessoas: não há como se ter acesso às informações desse quadrante, também definido como "área inconsciente" (Fonte: Wikipedia).

1 ARENA	3 PONTO CEGO
2 FACHADA	4 DESCONHECIDO

Inicia-se um trabalho individual de acordo com estas tarefas:

- reproduza o quadrado grande em sua folha, imaginando que ele representa sua personalidade em um desenho;
- antes de dividi-lo em quatro quadrantes, lembre-se de que:

  1) o quadrante ARENA corresponde ao que é conhecido por você e por outras pessoas: ele será maior se você se considera uma pessoa extrovertida e transparente;

2) o quadrante FACHADA corresponde ao que é conhecido somente por você e por mais ninguém: ele será maior se você se considera uma pessoa introvertida e fechada;

3) o quadrante PONTO CEGO corresponde ao que não é conhecido por você, mas por outras pessoas: ele será do tamanho que você julgar oportuno, em relação a quanto as pessoas o conhecem;

4) o quadrante DESCONHECIDO corresponde ao que nem você nem ninguém conhece: ele será do tamanho que você julgar oportuno, em relação a quanto você está satisfeito consigo mesmo pelas escolhas feitas ou pelos comportamentos assumidos na vida;

- agora tente desenhar os quatro quadrantes, levando em consideração as indicações dadas acima;
- depois de terminar o desenho, faça dupla com uma pessoa que esteja ao seu lado e descreva seu trabalho para ela;
- passe a palavra a seu companheiro de dupla e ouça a descrição que ele fará de seu próprio trabalho;
- concentrem-se vocês dois no terceiro quadrante e troquem suas impressões.

O *debriefing*

- Você se sente compreendido pelos outros?
- Se sim, quais são as características que você julga serem a causa do apreço alheio por você?
- Se não, quais são as características que você julga fazerem com que o critiquem?
- Como você reage quando sente que não está sendo aceito?
- Quando uma crítica é construtiva? E quando é destrutiva?

3 Espelho, espelho meu...

Objetivo

Todos os dias, quando nos levantamos pela manhã, encaramos o espelho, que nos devolve, fielmente, nossa imagem. Há quem dê apenas uma olhada e uma ajeitada rápida; há quem permaneça alguns minutos observando a imagem refletida em seus mínimos detalhes; há quem empreenda uma obra de "restauração" para tentar esconder eventuais defeitos; há quem se olhe com satisfação; há quem se olhe com desgosto. Olhar-se no espelho e se interessar pela própria aparência faz parte do cuidado consigo mesmo, mas o importante é não exagerar. Esta atividade propõe o jogo dos espelhos, com o objetivo de estimular uma reflexão sobre a relação que cada um tem com sua própria imagem refletida.

Apresentação e desenvolvimento

O moderador divide todo o grupo de participantes em dois subgrupos. Um deles distingue-se com a letra A; o outro, com a letra B. Ele, então, pede a todos que formem duplas de integrantes de A com B e um vai se sentar de frente para o outro. O moderador explica que iniciarão uma brincadeira corporal durante a qual um dos integrantes deverá simular, sem falar, o momento em que se olha no espelho assim que se levanta de manhã, enquanto o outro integrante deverá ser como o espelho que reflete, fielmente, os movimentos simulados. Quando começar o jogo, as duplas, ao mesmo tempo, darão início à dinâmica dividindo-a em duas etapas de cinco minutos: 1) A simula e B reflete; 2) B simula e A reflete. É fundamental que se dê às duplas o tempo necessário para que as dinâmicas possam desenrolar-se. Passados os 10 minutos, o moderador pede que se alterem os pares para o jogo ser repetido na mesma sequência. Essa alteração pode acontecer por mais de uma vez.

O *debriefing*

- Como você se comporta diante do espelho depois que se levanta de manhã?
- Por quanto tempo você fica diante dele?
- O que é vaidade?
- Transformar-se em um espelho foi fácil ou difícil? Por quê?
- Como podemos cuidar de nós mesmos?

4 Qual é seu visual hoje?

Objetivo

No mundo moderno, as roupas servem menos para cobrirem o corpo e protegê-lo do que para traduzirem a maneira de ser e a classe social a que se pertence (o *status symbol*), além do que destacam uma parte do corpo que se considera socialmente aceitável. Esta atividade tem o objetivo de enfatizar a dimensão comunicativa que tem o modo de vestir-se.

Apresentação e desenvolvimento

O moderador convida os participantes a preencherem este formulário:

O QUE PODE FAZER SEU VISUAL... *(identifique um item do vestuário, dos acessórios, do penteado)*	
ROMÂNTICO	
DETERMINADO	
SENSUAL	
ESPORTIVO	
TRANSGRESSOR	
CASUAL	
REQUINTADO	
EXTRAVAGANTE	
DIFERENTE	

O *debriefing*

- Como você definiria seu visual?
- O que você gosta de comunicar com suas roupas, seus acessórios, seu penteado?
- Você pensa sobre isso?
- Alguma vez você muda seu modo de se vestir? Por quê?
- Dentre os famosos, quem é o que você mais admira pelo visual que tem?

5 Receitas para estar sempre em forma

Objetivo

Quando vemos os bonitões e as bonitonas da televisão, não há como não nos perguntarmos o que devemos fazer para estarmos sempre com um corpo tão deslumbrante. Por um sentimento natural de emulação, muitas pessoas procuram conseguir os mesmos resultados. A palavra de ordem parece ser: "Procure o bem-estar!", em todas as suas formas. As "receitas" divulgadas como as mais eficazes vão se multiplicando e se modificando de acordo com os pedidos de uma clientela diversificada que compreende todas as faixas etárias, das crianças aos idosos. Elas variam das massagens aos *spas*, da alimentação à cura do corpo, de estilos de vida particulares ao esporte, das disciplinas holísticas às técnicas do sono. Mas essa é a única maneira de se alcançar o bem-estar? Esta atividade pretende evidenciar o que há de positivo nesse modo de pensar, mas também o que pode ser enganador e perigoso.

Materiais

Canetinhas e cartolinas.

Apresentação e desenvolvimento

O moderador convida os participantes a transcreverem vários *slogans* a respeito do "bem-estar", recolhidos de jornais, revistas, campanhas publicitárias etc. Determinará um tempo (p. ex., uma semana) para que realizem essa tarefa e, terminado o prazo, iniciará a atividade em si. Ele divide o grupo todo em subgrupos de cinco ou seis integrantes. Cada subgrupo possuirá uma cartolina branca, os *slogans* recolhidos por cada integrante e três canetinhas de cores diferentes. Então se passa à leitura e à análise dos *slogans*, dentro de cada um dos subgrupos, para que discutam e troquem suas opiniões com o objetivo de os classificarem nestas três categorias: "Acreditamos que seja verdade", "Acreditamos que não seja verdade", "Realmente, não sabemos". Terminado esse trabalho, cada subgrupo escolherá seu porta-voz, que deverá ler em voz alta o que foi escrito na cartolina. Depois que todas as cartolinas forem lidas, o moderador tentará estimular o debate entre os participantes, fazendo com que deem atenção aos aspectos mais significativos surgidos a partir do trabalho de todos. Terá um espaço maior a análise dos *slogans* que foram colocados na terceira categoria, considerados de classificação difícil.

O *debriefing*

- O que é “bem-estar”?
- Como você acha que ele pode ser alcançado?
- Você segue os conselhos divulgados na mídia? Dê um valor de 1 a 10.
- Quando você os ouve? Quando você os ignora?
- Em um anúncio publicitário, o que o impressiona mais?

6 A silhueta perfeita

Objetivo

Para sermos desejáveis, é necessário termos um corpo perfeito. É assim que os pré-adolescentes e os adolescentes pensam na maioria das vezes, submetendo-se a verdadeiras torturas para se sentirem perfeitos. A dieta, em particular, é considerada necessária para a emulação dos modelos femininos e masculinos que se difundem, sobretudo, no mundo da moda e da publicidade. De uma perspectiva educativa, é fundamental não descuidarmos desse aspecto, pois diz respeito à relação que o indivíduo tem com seu próprio corpo e com a capacidade de aceitar a si mesmo. Esta atividade enfrenta o problema para permitir a comparação entre iguais, no entanto com o cuidado de não entrar muito no âmbito pessoal, para que não se corra o risco de "pôr o dedo nas feridas".

Apresentação e desenvolvimento

O texto descreve os sofrimentos de uma adolescente que se considera feia e gorda. Mesmo sendo consolada por pessoas que gostem dela, sente-se vítima de uma verdadeira "catástrofe" difícil de ser superada. O moderador lê este trecho:

> Tudo começou com uma torta de batatas. Eu tinha jurado que não a experimentaria, mas depois eu a devorei e me senti uma estúpida que não serve para nada.
>
> Eu tinha me pesado um pouco antes da torta em questão. Uma catástrofe: 76 quilos distribuídos em 1,73m de altura. É difícil suportar, ainda mais quando todas as amigas à sua volta ficam se gabando dos 50 quilos ou quando na escola algum imbecil olha para você como que para uma pata em período de engorda e a chama de "coxuda" e "bunduda". Isso me destrói. De vergonha, eu me desmancho em lágrimas. Minha melhor amiga vem me consolar, tenta me convencer de que aquele menino é um idiota e de que não vale a pena chorar, mas eu me sinto feia. Na escola, os babacas dos rapazes só olham para as meninas que chegam vestidas e maquiadas como para um desfile, com um peso entre 45 e 50 quilos e as barrigas bem à vista.

> Todos aqueles comentários em casa e na escola aborreceram-me muito. No fim das contas, a única que sempre me defendeu é minha avó paterna. Quando jovem, ela tinha sido rainha da beleza, mas depois as angústias e os problemas fizeram com que ficasse obesa. Na foto da "coroação", está com vinte anos e muitíssimo bela. Está usando um lindo vestido branco, tem uma pele de porcelana, os cabelos são pretos, ondulados e cortados na altura dos ombros, os olhos são grandes. Está magra, mas não em exagero, com umas curvas muito femininas. Diferente das *top models* de agora. Para mim, ela sempre representou a verdadeira beleza natural. Eu gostava da ideia de poder me parecer com ela, aos vinte anos[69].

Depois da leitura, o moderador ajudará a troca de impressões sentidas a partir do texto, levando os participantes a darem atenção à experiência de vida da protagonista e permitindo-lhes que expressem suas ideias, opiniões e reflexões sobre isso. É fundamental que o assunto seja tratado evitando-se a identificação de pessoas, uma vez que falar de si mesmo pode provocar emoções difíceis de serem controladas; no entanto, com a tática da projeção (fala-se de uma outra pessoa que não sou eu[70]), podem se tornar mais fáceis a revelação implícita de experiências próprias e a possível elaboração delas. Será tarefa do moderador controlar as intervenções de cada participante para que o debate respeite sua individualidade, mas seja, ao mesmo tempo, estimulante. O que deve ser observado é a reflexão sobre o conceito pessoal de "beleza".

---

69. Justine, 2009, p. 6-7.

70. A projeção é uma tática arcaica e primitiva de defesa, que consiste em lançar sentimentos ou características próprias, ou partes do ego, sobre outros objetos ou pessoas. Isso consiste na dissimulação de um assunto positivo ou negativo que o indivíduo deveria reconhecer, mas que recusa por uma determinada razão: por exemplo, pelo fato de não se dar valor a si mesmo ou de que o assunto é imoral, inaceitável ou inconsciente e não reconhecido.

O *debriefing*

- O que você achou do texto?
- Quais são as emoções expressas pela protagonista?
- Por que ela parece inconsolável?
- O que você poderia sugerir para resolver o problema dela?
- A beleza depende de quê?

7 Perfeitamente (re)modelados

Objetivo

Não existe sociedade humana em que não se empenhe em colorir, enfeitar, esculpir, modelar, cobrir partes do corpo, conforme os padrões de uma determinada cultura. Do corte de cabelo às tatuagens, das pinturas corporais aos cosméticos, a fantasia e a criatividade humanas nos oferecem múltiplas possibilidades de trabalhar o corpo. Mas qual é a maneira de embelezar o corpo nos dias de hoje? Em algumas propagandas, o corpo é considerado "uma obra de arte" e, por isso, é esculpido, modificado, enfeitado. O perigo, porém, é levar isso ao pé da letra, recorrendo-se até mesmo ao uso indiscriminado das cirurgias plásticas, na tentativa de se emularem pessoas famosas que ostentam uma "juventude renovada" por seus rostos feitos a mão e sem expressão. Também esse tema deve ser considerado em um percurso educativo, com o objetivo de ajudarmos os jovens a alcançarem a total e saudável aceitação de si mesmos.

Materiais

Folhas A4 e canetas.

Apresentação e desenvolvimento

Com base no número de participantes, o moderador prepara alguns folhetos em que estejam escritos, mais de uma vez, um dos três trechos reportados abaixo. Antes de dar início à atividade, subdivide o grupo todo em subgrupos de cinco ou seis integrantes e pede a cada um que escolha seu porta-voz. Ele introduz o tema e revela que selecionou alguns trechos que poderão levá-los a uma discussão em grupo; explica que cada um dos porta-vozes terá a tarefa de facilitar a comunicação entre os subgrupos, coletando as ideias dos integrantes e dispondo em uma folha já reservada para isso. Depois de distribuir um dos folhetos e uma folha em branco e fazer um breve comentário relembrando as regras do grupo, o moderador prossegue com sua explicação dizendo quais são as etapas de trabalho que deverão desenvolver-se dentro do tempo máximo de 20 ou 30 minutos. Os participantes devem estar sentados em círculo. Um porta-voz passa à leitura das regras de trabalho:

1) deve falar um de cada vez, conforme a ordem circular;

2) a fala de cada um deve respeitar o tempo máximo de três minutos;

3) todos podem expressar suas opiniões livremente;

4) os outros não podem intervir no que se fala ou interromper quem fala;

5) as falas de todos serão aceitas sem críticas ou preconceitos.

Em seguida, o porta-voz, depois de ler o trecho escrito no folheto – e, se pedirem, poderá lê-lo mais de uma vez –, deixará que fale cada um dos outros integrantes de seu subgrupo, instigando-os com esta pergunta: O que acha deste trecho?

As opiniões são sintetizadas e transcritas, sem qualquer alteração. Depois que todos falarem, o porta-voz lê em voz alta todas as opiniões transcritas e dá início a uma discussão mais livre.

O moderador deve transitar entre os grupos para conferir o clima da comunicação e fazer eventuais intervenções para facilitá-la. Ele terá o cuidado de respeitar as diversas opiniões que surgirão, evitando preconceitos ou formas de menosprezar as ideias de que não compartilha. O objetivo do moderador não será fazer com que todos cheguem à mesma conclusão, mas permitir que os temas propostos sejam colocados em discussão. Ao fim da atividade, ele pedirá aos porta-vozes que relatem os aspectos essenciais dos debates que se desenvolveram em cada um dos subgrupos.

Trecho 1

> [...] uma obsessão muito contemporânea, a do corpo perfeito, da dita imagem, do terceiro elemento que floresce entre os dois eternos litigantes, ser ou ter? [...] estes não são os anos dourados, nem os anos de chumbo, estes são os anos de plástico. Nossas avós não usavam mais que um esfoliante facial; hoje em dia, não existe uma mulher *radical chic*, uma jovem mãe ou uma adolescente que não saiba tudo sobre preenchimento com ácido hialurônico, aumento das mamas e lipoaspiração. [...] Com as cirurgias plásticas, conseguimos alcançar resultados impensáveis: a autoestima, a segurança e a

própria felicidade de muitos dos que estão à nossa volta baseiam-se em serem o menos semelhantes possível[71].

Trecho 2

Têm entre 16 e 18 anos, estão bem de vida e, quase sempre, são rapazes e moças bonitos. Por conta do aniversário, da maioridade ou por terem sido aprovados no vestibular, pedem um só presente: que seja completado um desejo que guardam consigo há anos ou, na verdade, há dias. Esse desejo refere-se a uma parte do próprio corpo: remodelar os pés para se parecerem com os da apresentadora Angélica, que são perfeitos, ou a boca para se parecer com a da atriz Cláudia Raia. A maioria das jovens pede uma cirurgia nos seios, para que fiquem semelhantes aos da atriz Giovanna Antonelli ou daquela amiga com quem fazem academia[72].

Trecho 3

Só uma vez não é suficiente. Muitas vezes, passar por uma cirurgia estética não permanece um episódio isolado. E isso acontece um pouco porque, vencido o obstáculo psicológico inicial, um retoque leva a outro, pelo menos para aqueles que podem pagar por eles: depois do nariz, pode ser a vez dos pés de galinha e, em seguida, dos glúteos. Também pode acontecer porque muitas intervenções cirúrgicas de estética, mesmo que perfeitamente bem-sucedidas, precisam de outras operações futuras, por assim dizer, "de manutenção". Além disso, quanto mais jovem é a pessoa que se submete a uma cirurgia plástica pela primeira vez, mais numerosos ainda serão os ajustes que se tornarão indispensáveis ao longo do tempo. Por exemplo, quem consegue ganhar três números a mais no sutiã, depois de dez anos, deverá voltar mais uma vez ao cirurgião, porque o relaxamento da pele e dos tecidos faz com que seja necessário o implante de próteses maiores ou um *lifting* para esticar a pele[73].

---

71. Delbecchi, 2011.

72. Grassano, 2010.

73. Extraído de "Chirurgia estetica: un ritocco tira l'altro". In: *Altroconsumo Salute*, n. 81, ago./2009.

O *debriefing*

- Por que se difundiu a moda de refazer partes do corpo com cirurgias plásticas?
- Qual é sua opinião a esse respeito?
- Quando pode ser útil recorrer a esse instrumento?
- Quando a cirurgia plástica não é proveitosa?
- Você se submeteria a uma cirurgia plástica? Por quê?

8 Sexo e propaganda

Objetivo

As campanhas publicitárias divulgadas pela televisão, pelos jornais, pelo cinema e pelos videoclipes cada vez mais utilizam o corpo nu ou pouco vestido de homens e mulheres deslumbrantes, com comportamentos ambíguos ou transgressivos. Os meios de comunicação de massa aproveitam-se do interesse que a sexualidade suscita no público para incentivarem o consumismo e criarem novos mitos. As mensagens "sexualizadas" estão, efetivamente, modificando os costumes da sociedade, principalmente no que se refere às novas gerações. Nos *outdoors* pelas ruas, nas transmissões da tevê em horário nobre, no cinema – inclusive durante filmes que são permitidos para menores de idade –, nas vitrines das lojas etc., os jovens são bombardeados por mensagens subliminares que destacam o corpo como veículo do desejo. Esta atividade pretende tratar esse assunto de maneira explícita, convidando os educadores a superarem falsos constrangimentos e conduzirem a reflexão do grupo com equilíbrio e determinação. O objetivo é assumir um papel educativo que, deixando o moralismo de lado, possa tornar mais controlável um fenômeno que agora já anda tão difundido.

Materiais

Revistas e cartolinas.

Apresentação e desenvolvimento

O que uma menina pode fazer para conquistar seu amor? O que pode torná-la irresistível? Talvez, um meio para se alcançar essa meta seja... vamos descobrir do que se trata. O moderador lê o texto a seguir.

> Em frente a uma vitrine da Victoria's Secret, de repente fui parada por uma moça que estava distribuindo panfletos promocionais de uma nova coleção de roupas íntimas muito sensuais.

COMPRE DOIS SUTIÃS SUPERSEXY E GANHE UMA TANGUINHA DE BRINDE!

Vanessa sequer sabia o que era uma tanguinha. Para comprar calcinhas de algodão e camisolas, ia a uma loja de roupas qualquer. Nunca havia entrado em uma da Victoria's Secret. Olhou para o cartaz na vitrine com a Gisele Bündchen. *Lingerie* sem costuras para uma aderência perfeita, estava escrito. Com certeza, no corpo da Gisele qualquer roupa ficaria perfeita, mas e no corpo dela? [...] Entrou na loja empurrando as grandes portas de vidro. Talvez, seria divertido descobrir isso. [...]

Vanessa olhou a sua volta. Pairava no ar algum perfume e ao fundo ouvia-se uma música de câmara, o carpete aveludado era de um vermelho bem forte. Havia umas mesas redondas cobertas por um cetim vermelho e nelas colocavam pilhas de tanguinhas e calcinhas com estampas de flores, de pele de onça ou de pele de tigre. Em todas as paredes havia barras de metal em que estavam pendurados sutiãs de renda, cetim ou algodão. E também espartilhos, cintas-ligas, conjuntinhos, blusinhas, bustiês, cuecas femininas e masculinas.

Vanessa nunca tinha visto um espaço tão grande dedicado à vaidade feminina, que tinha sempre desprezado. Mas talvez – só talvez – um sutiã rosa de renda "supersexy" combinando com uma tanguinha era o que faltava para ela se tornar irresistível aos olhos de Dan[74].

Depois da leitura, o moderador coloca diversas revistas à disposição dos participantes. Em seguida, divide o grupo todo em subgrupos de quatro ou cinco pessoas. Cada um dos subgrupos terá a tarefa de montar um painel coletivo em uma cartolina, colando imagens publicitárias que contenham mensagens "sexualizadas". No fim, todos os subgrupos mostrarão seus cartazes e, a partir deles, haverá um debate.

---

74. Von Ziegesar, 2008, p. 107-108.

O *debriefing*

• Por que as campanhas publicitárias dão destaque à dimensão sexual?

• Você gosta ou não gosta delas? Por quê?

• Em geral, como é apresentado o corpo das mulheres?

• Como se apresenta o corpo dos homens?

• Dê uma definição a essa maneira de apresentar a corporalidade.

9 As emoções na era do Facebook

Objetivo

Os meios de comunicação de massa geralmente amplificam ainda mais as emoções esgoeladas, ostentadas, agigantadas. Basta assistirmos a um programa de auditório para nos darmos conta de como as emoções do indivíduo, geralmente pertencentes ao foro íntimo, tornam-se um espetáculo para a audiência e as opiniões de especialistas e comentaristas.

Apresentação e desenvolvimento

O exercício proposto a seguir será realizado individualmente pelos participantes.

Para cada uma das situações descritas na tabela será preciso indicar se elas pertencem à "esfera pública" (podem ser compartilhadas com todos) ou à "esfera privada" (dizem respeito apenas ao próprio indivíduo).

Na televisão aparece um casal que quer se separar e discute violentamente em frente às câmeras, cobrindo-se mutuamente de insultos de todos os tipos e revelando intimidades da própria relação. Esfera pública ☐ ☐ Esfera privada
Durante o conselho de classe, o coordenador da escola pede à professora de Português que lhe mostre as notas atribuídas aos alunos de uma determinada turma. Esfera pública ☐ ☐ Esfera privada
Um aluno conversa pelo celular durante a explicação da aula de Matemática. Quando viu isso, o professor o interrompeu com uma bronca. O aluno tenta justificar-se dizendo que estava conversando com sua namorada. Esfera pública ☐ ☐ Esfera privada
No metrô, dois amigos contam um para o outro em voz alta as próprias conquistas amorosas, dando os nomes das garotas e julgando cada uma delas livremente. Esfera pública ☐ ☐ Esfera privada

→

Um pequeno grupo de meninos e meninas está olhando no Facebook as fotos da festa de aniversário de uma colega da outra turma que conhecem só de vista. Algumas poses os fazem rir muito porque ela aparece na companhia de parentes que, segundo eles, estão vestindo roupas ridículas.

Esfera pública ☐ ☐ Esfera privada

Depois de pedir a alguns dos participantes que leiam a própria ficha preenchida e permitir que eles troquem ideias entre si, o moderador convida todos eles a indicarem outras situações e analisá-las, em grupo, seguindo a mesma metodologia.

O *debriefing*

- O que diferencia aquilo que é "público" daquilo que é "privado"?
- Você já passou pela situação de ouvir, sem querer, as intimidades de uma pessoa desconhecida?
- Se sim, o que você fez? O que você achou disso?
- Por que alguns fatos da própria vida devem ser resguardados?
- Se não se fizer dessa maneira, quais poderiam ser as consequências?

10 A fronteira

Objetivo

Os pré-adolescentes e os adolescentes têm dificuldade de perceber a fronteira entre o que está dentro e o que está fora de si mesmos, no sentido de que lidam, de maneira confusa, com os tantos sinais que advêm do mundo exterior ao mesmo tempo em que se atrapalham para administrar a complexidade do próprio mundo interior. O desenvolvimento da identidade exige a capacidade de se identificarem limites "saudáveis" para que se estabeleçam com o mundo relacionamentos mais adequados e se explorem as próprias emoções e reações frente aos acontecimentos externos. Esta atividade pretende facilitar a identificação das "fronteiras" pessoais, para que os jovens, frente à variedade de experiências de vida (algumas perigosas, outras nem tanto), tornem-se capazes de distinguir quando é necessário proteger-se, utilizando certa "margem de segurança", e quando é necessário utilizar um "ponto de contato".

Materiais

Uma música de ambientação.

Apresentação e desenvolvimento

O moderador convida os participantes a se dividirem em duplas e ficarem de pé, um de frente para o outro. Explica, então, que esta atividade tem duas etapas: a primeira consiste em um jogo corporal; a segunda, em uma reflexão a respeito de acontecimentos atuais.

Antes de começar, o moderador apresenta uma cartolina em que esteja escrito o significado da palavra "fronteira". Dando vários exemplos (as fronteiras de um estado, a fronteira do horizonte etc.), ele poderá demonstrar que se trata de uma linha imaginária que separa e que, ao mesmo tempo, une duas "coisas" diferentes. Se tal imagem é relacionada a um indivíduo, ela pode ajudá-lo a compreender que o ser humano também tem um limite, uma fronteira, identificável com a pele, capaz de separar o que está para dentro do que está para fora e, ao mesmo tempo, de unir isto àquilo. Entender essa fronteira facilita a compreensão de quando é necessário proteger-se (frente a situações consideradas perigosas) e, por isso, *distanciar-se*; e quando é possível entrar em contato com o mundo externo (em situações consideradas agradáveis) e, por isso, *aproximar-se*. Isso resulta de se encontrar a capacidade de saber discernir a ação correta e fazer escolhas conscientes.

Primeira etapa: o moderador pede aos participantes que, em duplas, fiquem de pé, um de frente para o outro, e explica a eles que um por vez deverá desenhar, com as mãos, a fronteira do corpo do outro, identificada com a pele, fazendo-o com muita atenção para tocar apenas muito levemente. Para tanto, o moderador propõe a metáfora de uma pena, imaginada entre as mãos, que pode dar aquela sensação de leveza necessária para se executar aquela parte da atividade. Com uma música de fundo, começa a atividade: um integrante da dupla permanece parado e de olhos fechados, enquanto o outro desenha, com as mãos, a "fronteira" da pele de seu colega, durante um tempo já estabelecido (p. ex., cinco minutos). Quando o moderador disser TROCA, os papéis dentro da dupla invertem-se. Durante esse exercício, o moderador, por mais de uma vez, pedirá ao integrante de olhos fechados que, em momentos diferentes e com palavras diversas, sinta o que está dentro e o que está fora de si, que escute o próprio corpo, que entre em contato com o ambiente ao redor e, finalmente, que perceba sua própria pele como uma fronteira que pode separar ou unir. Para tanto, o moderador pode dar alguns breves exemplos que indicam essa situação de maneira concreta.

Segunda etapa: o moderador pede aos integrantes que, ainda em duplas, sentem-se um de frente para o outro e peguem para si uma folha em que esteja reproduzido o esquema a seguir.

Os participantes, então, compartilham reflexões que se relacionam à experiência que tiveram durante a atividade e, por escrito, respondem a estas perguntas:

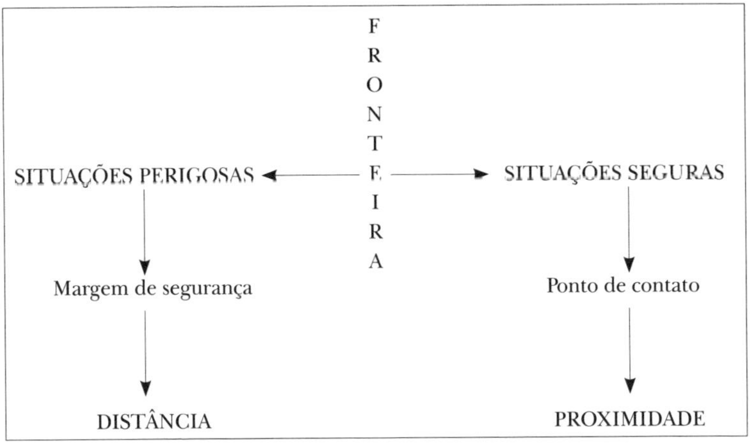

- Foi fácil ou difícil sentir a fronteira de seu corpo? Por quê?
- Quais sensações você sentiu enquanto seu colega o desenhava?
- Em que situações a fronteira de seu corpo deve funcionar como uma "margem de segurança"? Você consegue dar exemplos?
- Por outro lado, em que situações ela deve funcionar como um "ponto de contato"? Você consegue dar exemplos?
- Já lhe aconteceram situações como as que você mencionou? Você pode contar alguma(s) delas?

Terminada a atividade em duplas, o moderador reúne todos os participantes em um só grupo novamente e os estimula a compartilharem coletivamente suas impressões sobre esta atividade.

Por um corpo sexuado

Caminhando
aprendemos a viver,
caminhando
conhecemos as coisas,
caminhando
curamos as feridas do dia anterior.
Caminhe
olhando uma estrela,
escutando uma voz,
seguindo o rastro de outros passos.
Caminhe
procurando a vida,
curando as feridas
deixadas pelas dores.
Nada pode apagar a memória
do caminho percorrido.
R. Blades

A experiência amorosa caracteriza, de maneira particular, a pré-adolescência e a adolescência, períodos durante os quais as transformações físicas ligadas ao amadurecimento sexual tornam-se mais evidentes. O encontro com outra pessoa constitui-se em uma espécie de campo de provas para se "testar" um corpo que está tomando uma nova forma. Nem sempre é fácil para alguém que está passando por um processo de transformação movimentar-se, sozinho e de forma autônoma, em um terreno tão inacessível como o da sexualidade. Muitas pessoas são presas de desconfortos e constrangimentos, por não terem informações "objetivas, claras e precisas" ou por estarem condicionadas por um processo de "desnaturalização" que atualmente encobre e reprime cada vez mais a sexualidade.

Em todo lugar, sempre se fala sobre sexo. Não há revista ou outro tipo de publicação que não traga na capa algum tema sobre sexo. A internet é uma biblioteca digital em que sexo talvez seja o tema mais tratado, discutido e vendido. Muitas vezes, o mundo adulto, principalmente a família e a escola, não é capaz de acolher adequadamente os novos modelos. Acontece, então, que nos munimos de "certezas" anacrônicas e moralizantes ou, ainda, abrimos mão de nosso papel educativo por sermos ineficazes e estarmos confusos.

Torna-se importante, portanto, preparar, em âmbitos educativos, percursos voltados para um desenvolvimento afetivo-sexual consciente e não relacionados com casualidades e improvisações. Em uma sociedade excessivamente "sexualizada" como a atual é de fato urgente pôr em prática uma estratégia educativa destinada a oferecer possibilidades de discussão e reflexão, por meio de uma abordagem *maiêutica* baseada em "pôr para fora" necessidades, preconceitos, dúvidas ou medos, para não se inculcarem assuntos e ideias preestabelecidos. Isso é construir um espaço para discussão e diálogo que tem estes pressupostos: ouvir e respeitar o outro.

Então educar para a sexualidade não significa fazer com que se conheçam as características físicas e fisiológicas próprias de cada sexo, mas sim incentivar a compreensão dos aspectos afetivos e psicossociais que a sexualidade envolve. Em última análise, significa impulsionar um processo de "alfabetização emocional" que vise ao entendimento do próprio corpo sexuado e às diferenças entre os dois sexos. Dessa maneira, os jovens conseguirão conquistar competências específicas, como a responsabilidade sobre suas próprias ações, a capacidade de tomar decisões por si mesmos, o desenvolvimento de uma postura positiva e crítica face à sexualidade. Neste capítulo estão sendo analisados os seguintes aspectos da sexualidade: os relacionais, os emotivo-afetivos, os socioculturais (estereótipos ou preconceitos). Por meio das atividades, faremos com que os jovens reconheçam a influência das pressões da família, dos amigos, dos modelos sociais e culturais, para os estimularmos a refletirem sobre as emoções, os sentimentos e as várias maneiras com que se exprime a afetividade. Desse modo, será possível adquirir uma maior consciência das diferenças (físicas, psicológicas ou emocionais) entre os sexos masculino e feminino – abrangendo-se mais do que as diversidades individuais – e desenvolver uma capacidade crítica.

Em grande parte, esse tema representa "o problema" do pré-adolescente e do adolescente. Mas, nos contextos educativos, muitas vezes ele é tratado por meio de uma abordagem fragmentária, ligada exclusivamente à dimensão biológica. Em vez disso, o que queremos propor é um método formativo capaz de evidenciar os aspectos socioafetivos e culturais ligados à sexualidade.

Os âmbitos de investigação identificados são: "eu e a sexualidade" e "educar para os sentimentos".

Eu e a sexualidade

Esta primeira parte é caracterizada por fazer perguntas, suscitar reflexões, trazer à tona crenças, preconceitos, desejos, necessidades etc. Na prática, trata-se de as pessoas se ouvirem com reciprocidade e de adultos e jovens trocarem ideias entre si.

Para contextualizarmos essa busca, o fundamental é que nos perguntemos, em primeiro lugar, o que hoje em dia representa o feminino e o masculino.

> Sobre um indivíduo que definimos como homem ou mulher devemos então explicar em que o é: em que aquela mulher é mulher? E aquele homem em que é homem? Descobriremos que todos nós estamos presos num ciclo de anamorfoses, sempre inadaptados, sempre incertos, sempre fora do eixo, ao menos em parte, com relação àquela imagem, à sua regra. Essa é a condição em que se encontram a mulher e o homem da Modernidade[75].

É tal imprecisão, originária da cultura dominante, que nos leva a estimular uma busca de significados, baseados na experiência e na análise crítica da realidade.

As atividades propostas têm o objetivo de impulsionar esse processo, aberto e nada óbvio. Será feita uma reflexão sobre modelos masculinos e femininos que atualmente estão mais na moda; serão colocadas em confronto as diversas modalidades de encontro

---

75. Fusini, 1995, p. 8.

entre os sexos; será evidenciada também a tentativa de se eliminarem alguns preconceitos e algumas incertezas.

É difícil prever os efeitos dessa investigação; no entanto o importante é que, por meio dela, será possível analisar alguns temas de uma forma autêntica, sem hesitações moralistas. O desejável é que, ao final do percurso, os participantes possam ter ampliado seu próprio repertório de conhecimentos e estejam enriquecidos com as opiniões e as reflexões dos outros.

Educar para os sentimentos

Encarar esse tema é necessário na medida em que os jovens, frequentemente, vivem em um contexto que não os ajuda a perceberem a unidade entre o corpo, as emoções e os sentimentos; tanto que consideram os beijos, os abraços, as carícias e até mesmo as mensagens de celular como expressões amorosas, enquanto acreditam que as relações sexuais são úteis para satisfazerem a seu próprio prazer, talvez um pouco transgressivo, mas não tão intimamente relacionado com o âmbito afetivo. Por isso, a afetividade será assunto de discussão, para se facilitar a retomada de um eu integrado, capaz de ter sentimentos autênticos. Sabemos como atualmente

> os jovens trocam entre si suas experiências, pessoalmente ou pela *internet*. Por vezes, leem este ou aquele autor mais fácil e assistem a programas de tevê como o "Big Brother Brasil" e neles veem como devem paquerar, ser sedutores, estabelecer uma relação sexual e amorosa. Mas são uma péssima escola, porque não se trata de sentimentos sinceros ou de uma vida verdadeira, mas de uma simples representação vulgar[76].

Para tentarmos conter essa cultura generalizada, buscaremos facilitar o conhecimento e a consciência sobre as próprias emoções e as emoções alheias e, ao mesmo tempo, a valorização de meios pessoais necessários para se administrar a comunicação afetiva.

Nosso objetivo último é favorecer que os jovens assumam a responsabilidade de se tornarem protagonistas de seu próprio percurso de vida.

---

76. Alberoni, 2011.

1 O que os jovens não dizem...

Objetivo

Enfrentar o tema da sexualidade requer do educador a capacidade de ouvir e a suspensão de julgamentos. É que se trata de um tema bastante delicado que atinge âmbitos da intimidade e assuntos profundos. A abordagem aconselhada é a da "maiêutica", a que, por meio de diálogos, visa "trazer à luz" pensamentos absolutamente pessoais de cada estudante, sem que se imponham os próprios pontos de vista. Esta atividade pretende estabelecer as bases para um enfrentamento autêntico e favorecer a livre-expressão com a consciência de que cada pessoa demanda tempos e métodos diferenciados.

Apresentação e desenvolvimento

O moderador propõe aos participantes um questionário a ser preenchido, mas que não deve ser identificado com nomes. Sua função será criar um clima tranquilo, que não envolva muitas intervenções e que estimule a adequada concentração. Depois que todos os tiverem preenchido, os questionários serão recolhidos e organizados. Depois, os dados avaliados poderão servir para uma discussão em grupo.

QUESTIONÁRIO

Marque com um X as respostas que melhor o descrevam.

1) Com quantos anos você recebeu suas primeiras informações sobre a sexualidade?

☐ Entre 3 e 6 anos.

☐ Entre 7 e 10 anos.

☐ Entre 11 e 14 anos.

2) Você as recebeu de quem?

☐ De minha mãe.

☐ De meu pai.

☐ De meu(s) irmão(s) ou minha(s) irmã(s).

☐ De amigos.

☐ De meus colegas de escola.

☐ De jovens da internet.

☐ De ninguém.

☐ De outra pessoa. De quem? ______________________________

3) Em sua opinião, as informações sobre sexo que você tem são:

☐ Mais que suficientes.

☐ Suficientes.

☐ Insuficientes.

☐ Não sei.

4) Normalmente falo sobre sexo com:

☐ Minha mãe.

☐ Meu pai.

☐ Meu(s) irmão(s) ou minha(s) irmã(s).

☐ Amigos.

☐ Meus colegas de escola.

☐ Jovens da internet.

☐ Ninguém.

☐ Outra pessoa. Com quem? ______________________________

5) Como os adultos respondem a suas perguntas sobre a sexualidade?

☐ Com todos os detalhes.

☐ Não me ouvem.

☐ De maneira fugidia.

6) Com relação à sexualidade, quem influencia você em maior medida?

☐ Minha mãe.

☐ Meu pai.

☐ Meus amigos.

☐ Meus professores.

☐ O rádio ou a televisão.

☐ Outro(s). Quem? ______________________________

7) Com quem você gostaria de falar sobre seus problemas ou suas dúvidas com relação à sexualidade?

☐ Com minha mãe.

☐ Com meu pai.

☐ Com meu(s) irmão(s) ou minha(s) irmã(s).

☐ Com meus familiares.

☐ Com meus colegas de escola.

☐ Com meus amigos.

☐ Com meus professores.

☐ Com meu líder espiritual.

☐ Com um médico conhecido.

☐ Com ninguém.

☐ Com outra pessoa. Com quem? ______________________

8) Você já se apaixonou?

☐ Não.

☐ Não, mas espero me apaixonar logo.

☐ Sim, talvez.

☐ Sim, claro.

☐ Isso não me importa.

→

9) Você se considera desejável por outra pessoa?

☐ Não.

☐ Não, mas espero me tornar.

☐ Sim, talvez.

☐ Sim, claro.

☐ Isso não me importa.

10) Você gosta de seu corpo?

☐ Sim.

☐ Não.

☐ Em parte.

☐ Não sei.

2 Mas por que não falar sobre isso?

Objetivo

Para muitos, o tema da sexualidade ainda é um tabu. Embora na tevê, nas ruas ou nos jornais sempre apareça uma grande desinibição, em âmbitos educativos, como na família ou na escola, permanecem reticências no momento de se enfrentarem, explicitamente, "determinados argumentos". Por que isso acontece? Esta atividade tem o objetivo de chamar a atenção para esse "silêncio educativo", a fim de trazer à tona alguns mecanismos psicológicos que possam determiná-lo.

Materiais

Uma folha e uma caneta para cada um dos participantes.

Apresentação e desenvolvimento

Em uma cartolina, o moderador escreve as seguintes expressões:

Não se deve falar = PROIBIÇÃO E IMPOSIÇÃO

Não é bom falar = INCOVENIÊNCIA

Prefiro não falar = TIMIDEZ E CONSTRANGIMENTO

É inútil falar = INCAPACIDADE

Não consigo falar = CONFUSÃO

Fico mal de falar = MEDO

O moderador explica aos participantes que essas expressões referem-se à sexualidade e, para esclarecer o que isso quer dizer, dá exemplos de episódios conhecidos a partir de outras pessoas ou de sua própria experiência. Concluída essa primeira etapa, ele pede aos participantes que deem suas opiniões, por meio de um exercício apresentado em um formulário. Nele, deve-se registrar, em uma escala de 1 a 5, o quanto se compartilha de cada uma das expressões reproduzidas. O formulário é distribuído e, sem colocarem seus nomes, os participantes devem preenchê-lo.

Não se deve falar = PROIBIÇÃO E IMPOSIÇÃO
☐ 1
☐ 2
☐ 3
☐ 4
☐ 5

Não é bom falar = INCOVENIÊNCIA
☐ 1
☐ 2
☐ 3
☐ 4
☐ 5

Prefiro não falar = TIMIDEZ E CONSTRANGIMENTO
☐ 1
☐ 2
☐ 3
☐ 4
☐ 5

É inútil falar = INCAPACIDADE
☐ 1
☐ 2
☐ 3
☐ 4
☐ 5

Não consigo falar = CONFUSÃO
☐ 1
☐ 2
☐ 3
☐ 4
☐ 5

Fico mal de falar = MEDO
☐ 1
☐ 2
☐ 3
☐ 4
☐ 5

No fim, o moderador recolhe todos os formulários preenchidos e começa a organizar os dados obtidos para construir um quadro geral de todas as respostas.

A atividade pode ser finalizada com uma "Caixa de sugestões". O moderador reserva uma caixa e prepara um folheto por participante. Depois de distribuí-los, pede a cada um deles que escreva algumas sugestões que devem ser feitas aos pais ou professores, para se melhorar a comunicação entre adultos e jovens nos temas que dizem respeito à sexualidade. Na sequência, essas sugestões servirão para um debate e um posterior aprofundamento – talvez em outro momento e com a participação dos adultos interessados.

O *debriefing*

- Dentre as seis expressões, de qual você considera que compartilha mais? Por quê?
- Em sua opinião, por que é difícil falar sobre sexo?
- Quais são os assuntos que mais interessam a você?
- Você consegue falar sobre eles? Se sim, com quem?
- Se não, o que você faz? Como poderia ser melhor essa situação?

3 Minhas ideias e as ideias dos outros

Objetivo

Esta atividade pretende oferecer aos participantes a ocasião de refletirem sobre alguns temas relacionados à sexualidade e de colocá-los em confronto. Por meio de uma abordagem metodológica, o *brainstorming* – que visa à análise dos fenômenos e à formação de uma opinião pessoal e coletiva –, examinaremos alguns "lugares-comuns" que fazem parte de uma percepção coletiva.

Materiais

Caderninhos e canetas.

Apresentação e desenvolvimento

O moderador divide o grupo todo em vários subgrupos de quatro ou cinco participantes, que devem se sentar em círculos e escolher um porta-voz. A cada um dos porta-vozes o moderador entrega uma folha em que estará escrito algum "tema de discussão". Depois de lerem o tema assinalado, os porta-vozes iniciarão um debate com base nas seguintes regras: 1) seguindo a ordem do círculo, um participante por vez terá direito a falar; 2) a vez de todos os participantes será respeitada e para cada intervenção haverá um tempo preestabelecido, no máximo, de cinco minutos; 3) interpelações ou comentários às falas dos outros não serão permitidos; 4) um clima de tranquilidade e respeito será assegurado a todos. Enquanto um participante expõe sua opinião, o porta-voz faz anotações em um caderninho, de maneira sintetizada, sobre os conteúdos que surgem a partir do confronto entre aquilo que cada um dos participantes propõe. No final, ele lerá a síntese que fez e permitirá, posteriormente, uma livre troca de ideias. O trabalho de cada um dos subgrupos será apresentado pelos porta-vozes, como em uma assembleia, para que todas as questões levantadas possam ser discutidas.

Esse modelo poderá ser empregado em outros temas de discussão, dos quais estão indicados alguns exemplos abaixo.

Temas de discussão

1) Hoje em dia, há excessiva liberdade sexual?

2) A homossexualidade é uma doença?

3) Para termos uma vida "normal", precisamos nos casar e ter filhos?

4) A fidelidade é a base dos relacionamentos a dois?

5) É certo que os homens também se ocupem dos filhos e dos serviços domésticos?

6) O feminismo criou dificuldades para os relacionamentos a dois?

O *debriefing*

- O que você aprendeu com essa atividade?
- Foi fácil discutir esses temas?
- Você se viu naquilo que dizem as outras pessoas? Por quê?
- Você queria falar mais ou menos?
- No final, os membros de seu grupo entraram em acordo? Por quê?

4 Coisas de homem... coisas de mulher...

Objetivo

Nascemos machos ou fêmeas; homens ou mulheres tornamo-nos em meio a códigos culturais e papéis que, de tempos em tempos, cada sociedade modela de diversas maneiras de acordo com valores, crenças, tradições etc. Dentro de cada um de nós há um estoque de imagens, convicções, comportamentos e sentimentos que definem a identidade de gêneros, mais ou menos conscientemente. Trabalhar valores e imagens da sexualidade presentes em nossa cultura ajudará os jovens a ampliarem e aprofundarem o próprio conceito de sexualidade. Com certeza, as expectativas sociais muitas vezes levam a comportamentos estereotipados. O masculino e o feminino (considerados entidades com características peculiares), assim como enfrentar temáticas relativas ao corpo e às emoções que ele exprime, permitirão trazer à tona a atitude de cada um no confronto da própria sexualidade e da sexualidade alheia.

Apresentação e desenvolvimento

O moderador divide os participantes em grupos de cinco ou seis pessoas. Um membro do grupo lê a folha de trabalho que elenca uma série de estereótipos sexuais de nosso passado longínquo. Os grupos são convidados a discutirem, identificando quais estereótipos ainda estão presentes na vida moderna.

Você é homem quando...

- não chora;
- se esforça para ser forte e nunca se entrega;
- consegue seduzir as garotas;
- não lida com os serviços domésticos;
- sozinho, sustenta sua família;
- fala sobre sexo com outros homens.

Você é mulher quando...

- se casa e tem filhos – de outro jeito, você é um fracasso;
- compete com outras mulheres para ter a atenção dos homens;
- consegue manipular, com astúcia e dissimulação, as questões familiares, sem se expor demais;
- pode ter alguma erudição, mas deve ser, antes de tudo, uma ótima "dona de casa";
- seu trabalho não interfere muito no dia a dia da família;
- não fala sobre sexo, a não ser com sua melhor amiga.

O moderador divide os participantes em três grupos: o primeiro deverá escrever uma história com os tradicionais papéis masculinos e femininos; o segundo deverá escrever uma história com esses papéis trocados; o terceiro deverá escrever uma história com os papéis permutáveis. Depois, os três textos serão lidos e comentados, como em uma assembleia. Além disso, eles poderão se transformar em roteiros para três encenações diferentes.

O *debriefing*

- Você acha que, hoje em dia, esses estereótipos já estão superados? Por quê?
- Na verdade, quando é possível permutar os papéis entre homens e mulheres?
- Quais efeitos, vantagens ou desvantagens isso pode acarretar?
- Em que medida você está condicionado(a) pelos padrões de comportamento de sua família?
- E pelos padrões da sociedade?

5 Técnicas de sedução

Objetivo

Durante a pré-adolescência e a adolescência, o lugar para a aprendizagem social é o grupo de amigos. É nele que a convivência dos sexos permite um processo de conhecimento do universo pessoal do outro e fornece competências relacionais próprias para realizar um relacionamento consciente do ponto de vista afetivo-sexual. Então a confluência, sobretudo em âmbitos informais de relacionamento, constitui uma importante oportunidade de crescimento. Esta atividade pretende chamar a atenção para esse aspecto da vida; assim evidenciamos as possíveis qualidades da convivência entre os sexos.

Apresentação e desenvolvimento

Os passeios da escola oferecem a ocasião para pôr à prova a própria capacidade de conquistar outra pessoa e de ser conquistado por alguém. Caracterizados por relacionamentos informais, eles se tornam verdadeiras "escolas de sedução", em que é possível avaliar-se sob uma dimensão afetiva e sexual a ser descoberta. O moderador prossegue com a leitura do fragmento a seguir:

> Entre nós que tínhamos vindo para a viagem, ainda não estavam formados os casais, mas havia olhares, risos e indiretas e até quem fingia não querer nada acabava espiando.
>
> Logo ficou claro que as musas da viagem eram três.
>
> As gêmeas Sabbia, que eram pouco parecidas: Olga, morena e com cabelo chanel, Úrsula, ruiva e com rabo de cavalo, as duas vestidas de xadrez e com os rostos bem espertos. E Daniela, que com quatorze anos usava sutiã tamanho 46 e tinha uma camisola branca furadinha que, se não era de furinhos, nós mesmos os fazíamos com os olhos.
>
> As três, naturalmente, sentaram-se próximas, causando furor por ali, enquanto, dispersas ao acaso para todos os lados, as menos bonitas e as mais feias estavam tranquilas, porque se sabe que, durante as viagens, a cada hora se embeleza.

> Os meninos estavam todos agitados e cada um deles tinha sua própria estratégia e seu método de sedução. Henrique já paquerava com a segurança de um adulto, ficou estrategicamente posicionado atrás do trio e falava aos ouvidos de Úrsula, que dizia a cada frase dele: "Você é doido?"
>
> Mas, se ele ficava um tempo sem falar, ela encontrava um jeito de se mexer, bater nele com os cabelos e pedir-lhe desculpas.
>
> O rival de Henrique chamava-se Bernardo e era um rapaz com gel nos cabelos que contava uma mentira atrás da outra: que ele inúmeras vezes tinha dirigido um ônibus no jardim da propriedade de seu pai e que seria um piloto de Fórmula 1. Henrique olhava friamente para ele e preparava uma armadilha.
>
> Paquerando Olga, estavam Omar e Bruno, o cientista, chamado de Baco. Contavam piadas pela metade, anedotas fracas, uma infinidade de idiotices, e ficavam se empurrando para chegar mais perto da moça. [...]
>
> No empenho de paquerar Daniela, estávamos eu, Galileu e Carlos. Carlos não contava: tinha um metro e qualquer coisa de altura, suas sobrancelhas pareciam de um homem das cavernas, o hálito dele tem cheiro de lixo. Mas a gente tentava. Afinal nenhum de nós, graças a Deus, ainda tinha se dado conta de que éramos ridículos[77].

Depois da leitura, o moderador introduz a temática da sedução, explicando que se trata de um comportamento "natural" determinado pela atração afetiva e sexual na convivência com outra pessoa. Em seguida, destaca as diferentes formas que cada um usa para demonstrar essa atração: com ostentação, com timidez, com indiferença fingida, com constrangimento etc. Retomando o texto, pede aos participantes que identifiquem as atitudes de sedução utilizada por cada um dos personagens. Depois de discutir sobre isso, o grupo todo encerrará as abordagens em um esquema transcrito em uma cartolina.

---

77. Benni, 2002, p. 51-52.

PERSONAGENS	ATITUDES

O *debriefing*

- Você também já teve uma experiência parecida?
- Se sim, você pode contá-la? Se não, você gostaria de ter?
- Você tem alguma viagem marcada?
- Como são os relacionamentos entre os garotos e as garotas?
- O que significa "sedução"?

6 Reconheço as emoções

Objetivo

As emoções são dispositivos biológicos que são disparados, automaticamente, sem haver decisão consciente, para se indicar que "alguma coisa" importante está acontecendo fora de nós. Elas são convertidas em reações comportamentais de aproximação ou afastamento, de acordo com percepções agradáveis ou desagradáveis. Se, por exemplo, nos deparamos com algo que nos causa medo, a reação é de desagrado e, portanto, de afastamento. Por conta desse papel regulador, as emoções são consideradas uma espécie de "*kit* de sobrevivência" à disposição de todos nós. Elas "usam" o corpo para se expressarem. A alegria, a tristeza, o amor, o medo etc. tornam-se, de maneira imediata, um gesto veloz, lento, suave, forte etc. Reconhecer as próprias emoções é, portanto, necessário para se orientar no mundo real e se fazerem escolhas conscientes. Tudo isso pode estar ligado ao âmbito afetivo-sexual, em que se manifesta uma dimensão emotiva intensa e dominante. Esta atividade tem o objetivo de facilitar tal processo, chamando a atenção para os sinais físicos determinados pelas emoções. Assim, o corpo torna-se o teatro de todo um mundo interior a se re-descobrir.

Apresentação e desenvolvimento

O moderador explica que as reações emotivas são determinadas pelas situações que vivenciamos e que estão sempre associadas a mudanças psicofisiológicas de nosso corpo. As mais nítidas e conhecidas são aquelas que se seguem ao medo. Ele, então, pede aos participantes que pensem em um episódio no qual sentiram muito medo e descrevam as mudanças físicas que se sucederam, como o aumento do ritmo cardíaco e respiratório, a transpiração, a tensão dos músculos e o tremor, por exemplo. Depois de escutar algumas experiências e definir melhor o que é a emoção e o papel que tem na vida de cada um, o moderador convida os participantes a se concentrarem em algumas emoções e a descreverem as mudanças do corpo provocadas por elas, dentro de um tempo preestabelecido (15 minutos, p. ex.) e segundo o esquema seguinte:

DOR Sinais do corpo:	RAIVA Sinais do corpo:	ALEGRIA Sinais do corpo:	MEDO Sinais do corpo:	AGITAÇÃO Sinais do corpo:

Terminado o tempo, o moderador pede aos participantes que formem duplas para que confrontem as informações com que preencheram a tabela.

O *debriefing*

• O que são as emoções?

• Elas servem para quê?

• Foi fácil ou difícil identificar os sinais do corpo correspondentes às emoções? Por quê?

• Em sua opinião, as emoções podem ser controladas?

• Se sim, por quê? Se não, por quê?

7 No mundo dos sentimentos

Objetivo

Na sociedade atual fala-se bastante de emoções, de inteligência emotiva, mas muito pouco de sentimentos. E isso acontece porque as emoções são misturadas e confundidas com os sentimentos. Com emoção (agitação do espírito), queremos significar aquilo que sentimos em reação a um estímulo, ou melhor, o sentido que atribuímos a ele. O significado mais evidente das emoções parece ser o de estimular uma reação comportamental adequada que interessa a nosso corpo de maneira particular. Por exemplo: percebo um perigo, sinto medo, corro, peço ajuda ou me defendo. Já os sentimentos acompanham, de maneira mais duradoura, os envolvimentos afetivos que se operam à nossa volta. De fato, chamamos de sentimento aquilo que sentimos frente a "algo", pessoa, objeto ou situação que assume um valor relativamente estável para nós, ou melhor, em relação a nossas necessidades e nossos desejos. São sentimentos o amor, a paixão, o ódio, a inveja, o ciúme. A função dos sentimentos parece ser a de dar suporte e realidade a esses envolvimentos. De maneira mais simples, então, é possível afirmar que as emoções acontecem no corpo, enquanto os sentimentos acontecem na mente. Esta atividade propõe alguns trechos que podem servir de estímulo para uma reflexão sobre o mundo dos sentimentos, considerados em sua diversidade de situações e de intensidade.

Apresentação e desenvolvimento

O moderador reproduz em quatro folhas os trechos transcritos aqui. Cada um deles servirá de roteiro básico (*canovaccio*) para uma *performance* teatral que os participantes, divididos em quatro grupos, irão desenvolver de acordo com estas etapas:

1) Ler e analisar o trecho.

2) Focalizar o sentimento expresso pelo protagonista.

3) Planejar e escrever um breve texto que dê continuação à história, de maneira coerente com o sentimento identificado, introduzindo-lhe outros personagens e acontecimentos.

4) Subdividir o texto em sequências.

5) Definir os papéis.

6) Realizar a *performance* pelo método da improvisação teatral[78].

7) Fazer a representação teatral das cenas de cada um dos grupos.

Neste caso, os trechos selecionados têm em comum a dinâmica da paixão e do amor e, em sua diversidade, pretender evidenciar algumas formas de vivenciá-la: o entusiasmo, a procura, o ciúme, a desorientação. Naturalmente, conforme forem os objetivos que o moderador pretende propor, podem ser utilizados outros trechos que tratam temas diferentes, considerando-se que devem estar relacionados ao mundo dos sentimentos. Então o papel do moderador será o de "desenhar" um itinerário educativo, capaz de juntar um trabalho conceitual e um trabalho corporal-expressivo.

Trecho número 1

Você consegue acreditar, querido diário? O Ricardo me convidou para sair! Só pode ser ele, não há nenhum outro Ricardo na sala. Li o bilhete umas 85 vezes, enquanto esperava a hora de acabar a aula. Eu estava hipnotizada e não conseguia nem mesmo me concentrar naquele estúpido problema de matemática.

Finalmente o sinal tocou, me levantei e minhas pernas estavam tremendo. Não consegui ir até o Ricardo e dizer "Li seu bilhete" e piscar os olhos para ele, como a Patrícia teria feito. E se, na verdade, fosse uma grande piada, se o bilhete tivesse sido escrito pelo Tomás, que o fez chegar até mim, para poder soltar uma grande risada, naturalmente às minhas costas? Por isso, eu me fiz de difícil e passei um tempo arrumando meus livros. Aí o Ricardo veio até mim e me perguntou se eu havia lido o bilhete. Por um momento, eu morri!

---

78. A improvisação teatral é uma forma de teatro em que os atores não seguem um *script* definido, mas inventam o texto, improvisando espontaneamente, de acordo com um *canovaccio* (roteiro sobre o qual o elenco improvisa) preestabelecido. Essa forma de teatro prevê certa perícia técnica dos atores, baseada na criatividade e na capacidade narrativa, que pode surgir também da interação com o público.

Querido diário, ele é tão bonito que eu mal conseguia falar, mas consegui dizer-lhe que ficaria muito feliz de sair com ele[79].

Trecho número 2

Em matéria de mulheres (e, no caso de Colin, era uma matéria muito importante), todos têm um tipo. O tipo de Colin Singleton não era físico, mas linguístico: ele gostava de Catarinas. Não de Cathy, Katie, Kitty, Rynn, Trina, Kay, Cate nem, principalmente, das Katarinas, mas das C-A-T-A-R-I-N-A-S. Ele teve dezenove romances. E todos com garotas que se chamavam Catarinas. E todas – sem nenhuma exceção – haviam deixado o rapaz.

Para Colin, existiam apenas dois tipos de pessoas no mundo: o das que deixam e o das que são deixadas. Muitos têm a pretensão de ser de ambos os tipos, mas não entendem bem o caso. Somos predestinados a este ou àquele fim. Não se dizia que quem deixa o outro é sempre um carnífice ou que quem é deixado por alguém é sempre a vítima. Mas cada um tem sua tendência.

Nesse caso, talvez, Colin deveria ter se acostumado ao sobe e desce das relações amorosas. Por outro lado, as histórias de amor sempre terminam do mesmo jeito: mal. Se pensamos bem – e Colin pensava muito –, todos os amores terminam com 1) uma ruptura, ou 2) um divórcio, ou 3) uma morte. Mas Catarina XIX tinha sido diferente ou, ao menos, tinha parecido ser diferente. Ela havia amado o rapaz e ele havia correspondido, com uma paixão ardente. E ainda a amava. Enquanto dirigia, pegava a si mesmo repetindo estas palavras mentalmente: Catarina, eu te amo. Aquele nome soava diferente quando ele falava; já não era o nome por que ele tinha uma obsessão há tanto tempo, mas uma palavra que descrevia apenas o que ela era, uma palavra que se perfumava de lilases, que capturava o azul de seus olhos e o tamanho de seus cílios[80].

---

79. Newman, 2009, p. 132-133.

80. Green, 2009, p. 24-26.

Trecho número 3

O ar está frio hoje, permite ver melhor as coisas. Os telhados e as placas da rua estão cobertos pela geada. Está frio. Eu me escondo debaixo do cachecol e aproveito minha respiração, que aquece meu rosto. Começo a andar pelos caminhos desertos do jardim, tentando escutar o canto dos pássaros. Não é fácil reconhecê-los pelo canto. O livro que eu li dizia que é um dom inato concedido a poucos e que os outros deveriam ter muitas horas de observação.

De longe vejo a silhueta de Camila fechada por um casaco. Estou prestes a correr, quando alguma coisa me impede. Não alguma coisa, mas alguém.

Atrás dela aparece uma outra figura. Estão próximos e, de repente, a outra figura coloca o braço em suas costas e sussurra algo em seu ouvido.

Eu o reconheço logo: Matias. Não sinto seu cheiro, mas é como se o sentisse. Meus pés se afundam nas pedras.

O canto dos pássaros havia diminuído ou, talvez, meus ouvidos estavam com algum defeito.

De repente, ficou tão frio que as coisas pareciam se transformar em gelo. Eu não podia tocá-las. O vento se levanta e, como levantado por um fio, o rosto de Matias se volta. Por um momento, ele me vê e seus olhos parecem estar mais atentos.

Não tive tempo de ver mais nada. Fujo com as lágrimas e com um soluço no estômago e um soco preso dentro do peito.

Por que estou tão mal? As pessoas de que gosto parecem me trair, apesar de, talvez, ser eu quem espera demais delas. Ainda. Parecia-me que...[81]

Trecho número 4

Eu pensava que gostar de alguém só dava sensações de felicidade e bem-estar. E certamente é assim que eu me sinto quando estamos juntos. Mas justamente porque estar perto de você me faz

81. Frescura, 2008, p. 161-162.

tremer de alegria, às vezes tenho medo de que você desapareça assim como se desfaz um sonho.

Eu me esforço para refletir sobre estes sentimentos que ora me agitam, ora me arrebatam, ora me deixam ansiosa, ora me fazem derreter de felicidade. Mas não consigo. E, assim, tenho a sensação de estar vivendo, com doze anos, uma espécie de vida encantada. Isso parece incrível. Você também tem a mesma sensação? Eu adoraria saber, porque, se você tivesse, eu teria menos medo e me sentiria menos sozinha em meio a esta confusão que às vezes me prende nesta escrivaninha como a uma estátua. [...]

Como seria bom se alguém me ajudasse a me orientar nesta espécie de teia de aranha em que me acho enredada[82].

O *debriefing*

- Você gostou de participar dessa atividade? Por quê?
- Que título você daria à apresentação teatral de que participou?
- Qual sentimento em particular vocês representaram?
- O que fez o protagonista para exprimir esse sentimento?
- Você já teve o mesmo sentimento que esse protagonista?

82. Petrosino, 1995, p. 119-120.

8 Sobre estar apaixonado

Objetivo

Apaixonar-se é um momento mágico que parece ser único e irreproduzível, caracterizado pela espontaneidade e pela intensidade dos sentimentos, quando se perde o controle sobre si mesmo e diminui a capacidade crítica de avaliar. De fato, o parceiro é idealizado e considerado o melhor. Nosso parceiro ou nossa parceira parece ter características incríveis, exatamente aquelas que sempre desejamos, buscamos e imaginamos. Durante a pré-adolescência e a adolescência muitos jovens se apaixonam pela primeira vez e, por conta disso, devem confrontar-se com a atração e o desejo, com o medo de serem rejeitados, com a maravilha da descoberta. Esta atividade aborda esse tema para facilitar a discussão das maneiras de se pensar em tal experiência e vivenciá-la.

Apresentação e desenvolvimento

O moderador mostra um cartaz com as frases seguintes reproduzidas. Depois de tê-las lido, convida os participantes a comentarem cada uma delas. A tarefa do moderador será estimular as intervenções de todos e de destacar e recapitular os elementos mais significativos que de quando em quando surgem a partir da discussão:

1) quando se está apaixonado, muitas vezes se perde o sono, o apetite, não se tem vontade de estudar;

2) apaixonar-se é, quase sempre, uma experiência intensa, mas breve;

3) da pessoa por quem se está apaixonado só se veem as qualidades;

4) pode acontecer de se apaixonar por uma pessoa inatingível, que nunca olhará para isso;

5) quando a pessoa por quem se está apaixonado não corresponde ou abandona, sofre-se muito;

6) às vezes, depois de uma fase em que se está apaixonado, acontece que, de repente, não há mais interesse por aquela pessoa;

7) o ciúme se torna doentio quando se tem medo de perder a pessoa amada e se desconfia de tudo o que atrai sua atenção;

8) há quem se apaixone, continuamente, por pessoas erradas, sem entender o porquê;

9) de um sentimento de estar apaixonado pode nascer o verdadeiro amor;

10) quando se está apaixonado tudo se torna secundário e só se pensa na pessoa amada.

O *debriefing*

- O que caracteriza uma fase em que se está apaixonado?
- Alguma vez você já sofreu por amor?
- Se sim, o que aconteceu?
- O que é que mais atrai você em uma pessoa?
- O que diferencia estar apaixonado de amar?

PARA SE APROFUNDAR

Encanto

Impulso que leva a um arrebatamento – exagerado, irracional e momentâneo – em relação a outra pessoa. Normalmente, trata-se de uma idealização unívoca e fantástica, como, por exemplo, em relação a um artista.

Paixonite

Embora idealizada, é direcionada precisamente a uma pessoa real, ainda que a relação possa ser unívoca; é relacionada a aspectos exteriores de uma pessoa que se vê ou se conhece ou com a qual se poderia ter um relacionamento direto. A paixonite, assim como o encanto, pode ser unilateral; por isso, não necessariamente há reciprocidade.

Paixão

Composto de sentimentos e comportamentos caracterizados por forte envolvimento emotivo e associado a um compromisso. Envolve a reciprocidade, com um mínimo de relacionamento e troca. Em contraposição à paixonite, existe um nível de conhecimento entre as duas pessoas que vivem uma relação intensa e exclusiva.

Amor

É um sentimento intenso e profundo de afeto, simpatia e reciprocidade, direcionado a alguma pessoa. O amor "romântico" assume características de desejo, comunhão e paixão física. Não acontece automaticamente, mas é construído pouco a pouco sobre o fundamento de se aderir a um projeto comum.

9 Mudanças

Objetivo

A pré-adolescência e a adolescência são períodos de transição psicológica e social entre a infância e a idade adulta. Tais períodos, em grande parte, sobrepõem-se à puberdade, caracterizada por mudanças físicas que levam o corpo da criança à maturidade sexual. Esta atividade pretende enfrentar o tema da "mudança" levando em consideração a pessoa, seja do ponto de vista físico, seja do ponto de vista sentimental ou social. Trata-se de um tema delicado que deve ser proposto sem imposições e com bastante cuidado em relação aos contrastes da sensibilidade de cada jovem.

Apresentação e desenvolvimento

Depois de introduzir o assunto, o moderador entrega a cada um dos participantes uma folha dividida ao meio na vertical. Os garotos devem marcá-la com M; as garotas, com F. Pede a eles que enumerem, sem colocar seus nomes, as mudanças relacionadas à adolescência, tanto do ponto de vista físico quanto do ponto de vista psicológico e comportamental. Explica que na metade esquerda devem estar enumeradas as mudanças sofridas na própria vida, enquanto na metade da direita devem ser relacionados os sentimentos e as emoções causadas por essas mudanças. Além disso, o moderador deve enfatizar a necessidade de que se selecionem correspondências entre transformações físicas/exteriores e experiências emocionais/interiores. Então afirma que todos podem se expressar livremente, com a certeza de que a privacidade de cada um será respeitada.

M/F **MUDANÇA**	**SENTIMENTO/EMOÇÃO**
1) Crescimento em altura	1) Satisfação
2)	2) ....
3)	3) ....
4)	4) ....
5)	5) ....

Ao final, cada um deve ficar com sua própria folha e o moderador dá início a uma discussão em que facilitará a troca de ideias e reflexões acerca da experiência.

O *debriefing*

- O que está mudando no atual período de sua vida?
- Você gosta dessas mudanças?
- Você acha que os adultos estão se dando conta disso?
- Como eles se comportam com você?
- Como você gostaria de estar no futuro?

10 O que é?

Objetivo

O pudor é o sentimento da medida certa, o limite, o véu que mostra o que se pode e o que se deve mostrar enquanto oculta o que deve ser protegido e respeitado. Os meios de comunicação de massa tendem a transformar em propaganda o corpo, as emoções e os sentimentos, o lado "privado" de muitas pessoas, particularmente daquelas que trabalham na tevê, no cinema, nos esportes, na moda etc. Essas pessoas não levam em conta as "paredes" que permitem diferenciar a interioridade da exterioridade, elas se expõem como mercadorias porque têm medo de "não existir" caso não estejam à mostra, até mesmo sem pudor, de maneira "descarada". Mas o que é o pudor? É o que ajuda a desenvolver um espaço de intimidade pessoal, de separação, de subjetividade. É proteção da individualidade na relação com outras pessoas, referente não só à sexualidade, mas também às emoções e aos sentimentos. O objetivo desta atividade é re-descobrir a importância dessa qualidade humana no processo de crescimento pessoal, fora de qualquer moralismo. Trata-se de permitir a retomada de um espaço pessoal que cada um pode adaptar aos próprios valores e às próprias necessidades.

Apresentação e desenvolvimento

O moderador propõe aos participantes uma pesquisa sobre a palavra "pudor". Determina, então, um tempo (p. ex., uma semana) durante o qual cada um deverá pesquisar materiais (pequenos ensaios, narrativas, recortes de revistas, imagens publicitárias etc.) que de alguma maneira possam ser relacionados a esse tema. Explica que cada um poderá sentir-se livre para identificá-los, sem pensar demais, deixando-se levar pelo próprio instinto. Passado o tempo preestabelecido, o moderador reúne os materiais, que serão analisados e classificados coletivamente. O papel do moderador, durante essa etapa, será facilitar a troca de ideias e reflexões, a fim de se chegar a uma ou mais definições coletivas, que serão transcritas em uma cartolina.

O *debriefing*

- O que é o "pudor"?
- O que o distingue da "vergonha"?
- O que foi evidenciado pelo trabalho coletivo de pesquisa?
- Como a sociedade atual vê o pudor?
- O que você acha disso?

Mitos de amor

Concluindo este percurso formativo, propomos uma seleta de mitos antigos que têm como temática o amor.

A respeito desse assunto, Bolognese nos explica:

> A imagem simbólica, permeada pelo mito e oficializada pelo ritual, torna-se uma redescoberta tanto pessoal quanto de grupo, contra o plágio, a aprovação e a banalização de imagens e mitos admitidos e aceitos passivamente. Nessa abordagem, o mito perde sua condição abstrata e passa a ser a história interna do ser humano, permeada por imagens de grande densidade ideoafetiva, aceita pela consciência, comunicada e partilhada em vários níveis, inclusive em um sentido pessoal e social. O mito, no entanto, obviamente age e se manifesta por meio de um sistema ritualístico, dando visibilidade ao corpo e a seus códigos[83].

Os trechos selecionados foram propostos para facilitarem a elaboração de conteúdos e ideias por meio de uma linguagem simbólico-literária. A sexualidade poderá ser, por exemplo, tema para uma composição escrita ou o pano de fundo integrador[84] para uma representação teatral.

Colocando lado a lado imagens, palavras e corporalidade, poderemos assim permitir que os jovens se expressem com maior au-

---

83. Bolognese, 1995, p. 17.

84. O pano de fundo integrador é o invólucro, o continente que determina a unidade do percurso educativo, a percepção dos nexos, o senso de continuidade que interliga as muitas atividades didáticas que, de outra maneira, estariam fragmentadas e dispersas.

tenticidade, adquirindo um novo olhar sobre a realidade, porque, como afirma Proust, "a verdadeira viagem de descoberta não consiste em procurar uma nova terra, mas em possuir novos olhos".

Mito (da palavra grega *mythos*, história) significa "palavra", discurso, história. Normalmente, os protagonistas dos mitos são deuses e heróis considerados em uma espécie de passado absoluto – ou seja, fora do tempo histórico –, que viveram aventuras e realizaram feitos fantásticos, interessando-se pelo que acontecia entre os mortais e intervindo no mundo para modificá-lo; assim, assumiam uma figura exemplar para os homens das épocas sucessivas. A respeito da origem histórica das histórias e das figuras míticas, podem ser feitas apenas conjecturas. Há quem tenha pensado que os deuses não passam de forças da natureza, divinizadas pelos homens primitivos, que não conseguiam explicá-las racionalmente.

Orfeu e Eurídice

Orfeu (cujo nome significa "aquele que é sozinho") era poeta e músico. As musas o haviam ensinado a tocar lira, recebida como presente de Apolo. Sua música e seus versos eram tão doces e fascinantes que a água dos rios diminuía o ritmo da correnteza, as florestas dançavam, os pássaros, comovidos, não tinham força para voar e caíam, as ninfas saíam das árvores e os animais ferozes saíam de suas tocas para ouvirem Orfeu. Sua esposa era Eurídice. Um dia, a ninfa, enquanto corria para fugir das armadilhas de Aristeu, foi mordida por uma serpente e morreu. Orfeu, profundamente apaixonado, decidiu descer até o Hades, o obscuro reino dos mortos, para resgatá-la. Com sua poesia e sua música, conseguiu comover o coração de todos: Caronte o levou até a outra margem do rio Estige, o rio do submundo; Cérbero, o monstruoso cão de três cabeças, não latiu; as Erínias, terríveis deusas infernais, choraram. Os condenados abandonaram seus tormentos... e até mesmo o deus Hades e sua esposa Perséfone curvaram-se ao canto de amor e concederam a Orfeu que levasse Eurídice de volta consigo, mas com esta condição: ela deveria segui-lo, ao longo da estrada escura do submundo, sem que ele se voltasse para olhá-la antes de chegarem ao mundo dos vivos. Começaram a sair. À frente, ia Orfeu; Eurídice o seguia e, atrás, ia Hermes, que deveria vigiá-los. Tinham já alcançado a meta, quando Orfeu, temendo ter perdido sua amada e tomado por um grande desejo de revê-la, virou-se para trás. Eurídice foi, então, puxada de volta para o Hades e inutilmente Orfeu tentava segurá-la com as mãos. Assim, Eurídice morreu pela segunda vez.

Narciso

Narciso era filho da ninfa Liríope e do rio Cefiso, que, apaixonado pela ninfa, arrebatou-a nas águas de sua correnteza para possuí-la. Dessa união, nasceu um menino de graça e beleza indescritíveis. A mãe, querendo conhecer o destino de seu próprio filho, dirigiu-se até o vidente Tirésias para saber o futuro. O homem era o mais velho de todos os adivinhos, cuja sorte lhe havia tirado a visão por ter ousado olhar para a nudez da deusa guerreira Atena, que, depois de puni-lo por sua audácia – fazendo-o cego –, concedeu-lhe o dom da profecia. Tirésias, depois de escutar os pedidos de Liríope, respondeu à ninfa que seu filho teria uma vida longa se jamais conhecesse a si próprio. Liríope, sem compreender a profecia do adivinho, foi embora e, com o passar dos anos, acabou se esquecendo do que havia sido profetizado. Narciso cresceu forte e com uma beleza tão delicada e refinada, que todas as pessoas que olhavam para ele – fossem homens, fossem mulheres – apaixonavam-se pelo rapaz, embora Narciso fugisse a qualquer preocupação amorosa. Um dia, Narciso encontrou-se com a ninfa Eco: um encontro nefasto que culminou na ruína dos dois jovens. Conta-se que a esposa de Zeus, Hera, cujo ciúme era conhecido não só por todos os deuses, mas também por todos os mortais, estava sempre atrás das traições de seu marido e quis o destino que ela acabasse entendendo que a companhia e as longas conversas da ninfa Eco não passavam de uma maneira de mantê-la ocupada e distraída para que Zeus pudesse exercer seu amor, dando o tempo necessário a suas amantes para se salvarem. A ira de Hera foi tão grande, que destinou Eco a repetir para sempre as últimas palavras de todas as falas que lhe fossem ditas. Um dia, enquanto Narciso andava pelas florestas e dispunha armadilhas por entre as árvores para capturar cervos, a bela Eco o viu e, sem poder dirigir-lhe a palavra, maravilhada com tanta graciosidade, contentou-se em contemplar a beleza do jovem. Durante algum tempo, ela o seguiu de longe, tomando o cuidado de não ser vista, e Narciso, ocupado perseguindo cervos, não percebeu a presença da ninfa nem se deu conta de que havia se distanciado de seus companheiros e perdido o caminho. Narciso começou a gritar bem alto, pedindo ajuda, sem saber aonde ir. Naquele momento, Eco decidiu mostrar-se a ele, respondendo ao chamado de ajuda, e apresentou-se estendendo os braços em sua direção, oferecidos ternamente como um presente de amor, com o coração transbordando de amáveis pensamentos. Mais uma vez, no entanto, a reação de Narciso foi impiedosa: vendo a ninfa, fugiu horrorizado, tanto que a pobre Eco, desmotivada e envergonhada, saiu correndo triste. Ela escondeu-se no fundo da floresta e começou a viver sozinha com um único pensamento na cabeça: sua paixão por Narciso; e esse pensamento a torturava cada dia mais. Assim, ela foi se esquecendo de viver e seu corpo definhou rapidamente, até que desapareceu e restou apenas sua voz. Desde então, a presença da ninfa se manifesta somente por meio da voz, a voz de Eco, que continua a repetir as últimas palavras que se dirigem a ela. Os deuses, então, querendo punir Narciso por sua frieza e insensibilidade, mandaram Nêmesis, a deusa da vingança, que fez o belo rapaz, enquanto estava próximo a uma fonte e se abaixava para beber um pouco de água, ao ver sua imagem refletida, imediatamente apaixonar-se por si mesmo. Sem saber que à sua frente estava sua própria imagem, contemplava o reflexo, mandava beijos e fazia carinhos, mergulhando seus braços na água para tocar aquele rosto delicado, mas a imagem desaparecia assim que ele a tocava. Narciso ficou muito tempo próximo à fonte tentando segurar aquele reflexo e, esquecido de comer ou beber, não se dava conta de que os dias passavam inexoravelmente, arrebatado que estava pelo pensamento de que aquela maldita sorte fazia com que a imagem fugisse a suas mãos, desaparecesse para sempre. Narciso, enfim, morreu, à beira daquela fonte que o havia presenteado com um amor, tentando dar um abraço em sua própria imagem. Conta-se que, quando as náiades e as dríades foram até lá para pegar seu corpo e colocá-lo na pira fúnebre, no lugar onde ele havia morrido estava uma flor branca esplêndida, que recebeu o nome de Narciso.

Píramo e Tisbe

Píramo e Tisbe, jovens que moravam em casas vizinhas, apaixonaram-se mesmo proibidos por seus pais, que viviam em constante desacordo entre si. Certa vez, foram pegos beijando-se e acabaram presos em armários que ficavam nas adegas de suas casas. Na parede que os separava, no entanto, havia um buraco, desconhecido de todos, pelo qual os dois apaixonados sussurravam entre si as mais ternas frases de amor. Juntos, pensaram em um plano para fugirem: acorrentariam quem os estivesse vigiando e roubariam as chaves para saírem. A nutriz de Tisbe era uma mulher ingênua e, por isso, era muito fácil tirar as chaves dela. Já Píramo havia entrado em acordo com o guarda, para que ele entregasse as chaves e fingisse ter sido agredido. Os dois jovens combinaram de se encontrar no bosque de Nino, próximo a uma fonte e a uma amoreira que dava frutos brancos. Tisbe foi a primeira a se libertar e a chegar ao local combinado, onde encontrou uma leoa com a boca ensanguentada. Assustada, ela fugiu e, na pressa, deixou cair sua capa. Depois que viu a capa, a leoa a dilacerou com sua boca suja de sangue. Píramo, que chegou logo ao bosque, não encontrou Tisbe, mas viu sua capa rasgada e suja de sangue. Tomado pelo desespero e acreditando que o animal tivesse matado sua amada, pegou a capa, beijou-a e se matou com um punhal. O sangue de Píramo alcançou as raízes da amoreira, que desde então mudou a cor de seus frutos, fazendo-os de cor roxa. Ainda apavorada, Tisbe, não querendo enganar Píramo, voltou ao lugar combinado e viu seu amado caído no chão. Píramo só teve forças para abrir seus olhos e ver Tisbe; depois morreu. Ela o beijou, tomou o punhal de suas mãos, fincou-o no peito e tirou sua própria vida.

Dafne

Dafne – filha de Gaia, a mãe Terra, e do rio Peneu –, sacerdotisa de sua mãe, era uma jovem ninfa que vivia serena e passava o tempo aproveitando a paz dos bosques e o prazer de caçar. Sua vida foi perdida por conta dos caprichos de duas divindades: Apolo e Eros. Um dia, Apolo – orgulhoso de ter matado a flechadas, ainda na tenra idade de quatro dias, a gigantesca serpente Píton – encontrou Eros, concentrado em forjar um novo arco, e zombou dele por ele nunca ter realizado uma ação digna de glória. O deus do amor, profundamente ofendido pelas palavras de Apolo, voou até o cume do monte Parnaso e ali preparou sua vingança: pegou duas flechas, uma de chumbo, sem ponta e destinada a apagar o amor, a qual lançou ao coração de Dafne, e outra de ouro, bem afiada e destinada a acender a paixão, a qual jogou violentamente no coração de Apolo. Daquele dia em diante, Apolo começou a percorrer, desesperado, os bosques à procura da ninfa, porque a paixão que ardia em seu coração era tão grande, que cada minuto longe de Dafne era um sofrimento absurdo. Finalmente, conseguiu encontrá-la, mas a ninfa, assim que o viu, fugiu apavorada e de nada valeram as súplicas do deus, que bradava seu amor e suas origens divinas para tentar impressionar a jovem Dafne, que, aterrorizada, fugia por entre as árvores. Percebendo, porém, que corria em vão, já que Apolo a seguia cada vez mais de perto, invocou a mãe Terra para ajudá-la e ela, comovendo-se com as súplicas de sua filha, transformou o corpo de Dafne: seus cabelos mudaram-se em galhos cheios de folhas; seus braços levantaram-se na direção do céu, tornando-se galhos flexíveis; seu corpo sinuoso cobriu-se de uma fina casca; seus delicados pés mudaram-se em raízes robustas; seu gracioso rosto ia desaparecendo entre a folhagem da árvore. Dafne transformou-se em uma elegante e vigorosa árvore que recebeu o nome de loureiro. Essa transformação aconteceu na presença de Apolo, que, desesperado, abraçava o tronco na esperança de conseguir encontrar a doce Dafne. O deus, então, proclamou em alta voz que o louro seria consagrado a seu próprio culto e digno da honra de ser colocado sobre a cabeça de célebres campeões. Assim, ainda hoje é comum, em memória de Dafne, adornar-se com uma coroa de louro a cabeça de quem realiza grandes feitos.

la meridiana,
partindo
das situações,
das inquietações,
das segregações,
uma jornada,
de busca e
de encontro,
possível a todos:
da identidade ao relacionamento,
do empoderamento
à não violência radical.

Referências

Bibliografia

BARBERY, M. *L'eleganza del riccio*. Roma: E/O, 2010.

BENNI, S. *Saltatempo*. Milão: Feltrinelli, 2002.

BLACKER, T. *Boy & girl*. Milão: BUR Ragazzi, 2009.

CALVINO, I. "Tutto in un punto". *Le cosmicomiche*. Milão: Garzanti, 1988.

CANDACE, B. *Pert* – Molecole di emozioni. Milão: Tea Pratica, 2011.

CINQUETTI, N. *Sposerò Berlusconi*. Milão: Rizzoli, 2010.

FOIS, M. *Sola andata*. Trieste: EL, 1999.

FRESCURA, L. *Ti giuro che l'amore c'è*. Milão: Rizzoli, 2008.

GAMBERALE, C. *Una vita sottile*. Veneza: Tascabili Marsilio, 2009.

GREEN, J. *Teorema Catherine*. Milão: Rizzoli, 2009.

JUSTINE, M.T.C. *Ho deciso di non mangiare più*. Milão: Piemme Bestseller, 2009.

MANKELL, H. *Joel e le lettere d'amore*. Milão: Rizzoli, 2010.

NEWMAN, L. *Bella da morire*. Milão: BUR Ragazzi, 2009.

PETROSINO, A. *Buon viaggio, Jessica*. Casale Monferrato: Sonda, 1995.

VON ZIEGESAR, C. *Gossip girl Voglio tutto*. Milão: Rizzoli Oltre, 2008.

WILDE, O. *Il ritratto di Dorian Gray*. Milão: Universale Economica Feltrinelli, 1994.

YOSHIMOTO, B. *Il corpo sa tutto*. Milão: Feltrinelli, 2000.

Literatura

ADORISIO, A. & GARCÌA, M.E. (org.). *Danza Movimento Terapia* – Modelli e pratiche nell'esperienza italiana. Roma: Magi, 2004.

ALBERONI, F. "Ragazzi, non abbiate paura di vivere il grande amore". *Corriere della Sera*, 21/03/2011.

ARIETI, S. *Creatività* – La sintesi magica. Roma: Il Pensiero Scientifico, Roma, 1979.

BOAL, A. *L'arcobaleno del Desiderio*. Molfetta: La Meridiana, 2010.

BOLOGNESE, M. *Per un corpo di pace* – Pedagogia, cultura rituale e non violenta del corpo. Veneza: Sapere, 1995.

BOURDIEU, P. *La rivoluzione simbólica*. Pádua: Marsilio, 2003.

CREPET, P. *Non siamo capaci di ascoltarli* – Riflessioni sull'infanzia e l'adolescenza. Turim: Einaudi, 2001.

DALLA VALLE, M.R. "L'immagine di sé in movimento". *Riza Scienze*, n. 95, nov./1995.

DELBECCHI, N. "Liposcultura totale globale". *Il Fatto Quotidiano*, 09/06/2011.

DEMETRIO, D. *L'educazione non è finita*. Milão: Raffaello Cortina, 2009.

______. *Raccontarsi* – L'autobiografia come cura di sé. Milão: Raffaello Cortina, 1995.

DIANA, R. *Le regole del gioco* – Manuale per educare al senso delle regole. Molfetta: La Meridiana, 2005.

______. "Il corpo scoperto". *Marcondiro*. Molfetta: La Meridiana, jan./2000.

DI VITA, A. *L'amicizia adolescenziale nella prospettiva delle scienze dell'educazione*. Trento: UNI Service, 2008.

DOLTO, F. *Infanzia*. Milão: Archinto, 2003.

ENSLER, E. *Io sono emozione* – La vita segreta delle ragazze. Milão: Piemme Bestseller, 2012.

FUREDI, F. *Il nuovo conformismo* – Troppa psicologia nella vita quotidiana. Milão: Feltrinelli, 2005.

FUSINI, N. *Uomini e donne* – Una fratellanza inquieta. Roma: Donzelli, 1995.

GALIMBERTI, U. *I miti del nostro tempo*. Milão: Feltrinelli, 2009.

_____. *Paesaggi dell'anima*. Milão: Mondadori, 1996.

GALLELLI, R. (org.). *Corpo e identità*. Bari: Progedit, 1999.

GAMELLI, I. *Sensibili al corpo*. Roma: Meltemi, 2005.

GARCÌA, M.E.; PLEVIN, M. & MACAGNO, P. *Movimento creativo e danza*. Roma: Gremese, 2006.

GARDNER, H. *L'educazione delle Intelligenze Multiple* – Dalla teoria alla prassi pedagógica. Milão: Anabasi, 1995.

GOLEMAN, D. *Intelligenza emotiva*. Milão: Rizzoli, 1997.

GRASSANO, I. "'Come le star', seimila teen-ager alla ricerca del corpo nuovo". *La Repubblica Salute*, 23/02/2010.

IRIGARAY, L. *Essere due*. Turim: Bollati Boringhieri, 1994.

JERVIS, G. *La conquista dell'identità*. Milão: Feltrinelli, 1997.

LABAN, R. *L'arte del movimento*. Macerata: Ephemeria, 1999.

LAPIERRE, A. & AUCOUTURIER, B. La simbologia del movimento. Cremona: Edipsicologiche, 1978.

LEMMA, A. *Sotto la pelle* – Psicanalisi delle modificazioni corporee. Milão: Raffaello Cortina, 2011.

LOMBARDO PIJOLA, M. *Facciamolo a skuola* – Storia di quasi bimbi. Milão: Bompiani, 2011.

_____. *L'età indecente*. Milão: Bompiani, 2009.

_____. *Ho 12 anni faccio la cubista, mi chiamano Principessa* – Storie di bulli, lolite e altri bimbi. Milão: Bompiani, 2007.

LOOS, S. *Il giro del mondo in 101 giochi*. Turim: Gruppo Abele, 1998.

_____. *L'importante è partecipare* – Giochi per l'educazione alla diversità. Turim: Elle Di Ci, 1996.

_____. *Novantanove giochi cooperativi*. Turim: Gruppo Abele, 1989.

LOOS, S. & DELL'AQUILA, L. *Naturalmente giocando*. Turim: Gruppo Abele, 1992.

LOOS, S. & PASSERINI, E. *Giocambiente* – 10 giochi per l'educazione ambientale. Turim: Gruppo Abele, 1995.

LOWEN, A. *Il linguaggio del corpo*. Milão: Feltrinelli, 2008.

_____. *Il tradimento del corpo* – La coscienza del proprio "io" nel rapporto corpo e mente. Roma: Mediterranee, 1997.

MATARAZZO, O. (org.). *Emozioni e adolescenza*. Nápoles: Liguori, 2001.

MILLER, A. *La rivolta del corpo* – I danni di un'educazione violenta. Milão: Raffaello Cortina, 2005.

MORENO, J.L. *Manuale di psicodrama*. Roma: Astrolabio, 1985.

MORIN, E. *I sette saperi necessari all'educazione del futuro*. Milão: Raffaello Cortina, 2001.

NIETZSCHE, F. *Così parlò Zarathustra*. Milão: Adelphi, 1968.

NOVARA, D. *La grammatica dei conflitti*. Casale Monferrato: Sonda, 2011.

_____. "Adolescenti, cioè nuovi 'barbari'"? *Rivista dell'Istruzione*, n. 2, 2009.

_____. "Il diritto di litigare in pace". *Rocca*, dez./2009.

_____. "Le malattie dell'educazione". *Conflitti* – Rivista italiana di ricerca e formazione psicopedagogica, ano 5, n. 2, 2006.

PAGANI, M. "L'insostenibile leggerezza della vita". *Il Fatto Quotidiano*, 30/12/2010.

PASOLINI, C. "La corsa delle minorenni alla pillola del giorno dopo". *La Repubblica*, 10/01/2011.

PIAGET, J. *Lo sviluppo mentale del bambino*. Turim: Einaudi, 1967.

PIETROPOLLI CHARMET, G. Cosa farò da grande? – Il futuro come lo vedono i nostri figli. Roma/Bari: Laterza, 2012.

_____. *Fragile e spavaldo* – Ritratto dell'adolescente oggi, Roma/Bari: Laterza, 2011.

PIETROPOLLI CHARMET, G. & MARCAZZAN, A. *Percing e tatuaggio* – Manipolazione del corpo in adolescenza. Milão: Franco Angeli, 2008.

RIVA, C. "L'educazione sessuale esplicita". *Conflitti* – Rivista italiana di formazione psicopedagogica, ano 8, n. 3, 2009.

SCHILDER, P. *Immagine di sé e schema corpóreo*. Milão: Franco Angeli, 1973.

TASSAN, R. *Per una semantica del corpo* – Segni, segnali e linguaggi non verbali. Milão: Franco Angeli, 2005.

VARVELLI, L. *Gestire il tempo* – Come migliorare l'utilizzo del proprio tempo e diventare padroni della propria vita. Milão: Il Sole 24 ore, 2004.

WATZLAWICK, P.; BEAVIN, J.H. & JACKSON, D.D. *Pragmatica della comunicazione umana.* Roma: Astrolabio, 1967.

VV.AA. *L'esperienza del corpo*. Milão: Dunod, 1998.

Site

ZANARDO, L. *Il corpo dele donne* [Disponível em www.ilcorpodelle donne.net www.movimentocreativo.it].

EDITORA VOZES LTDA.
Rua Frei Luís, 100 – Centro – Cep 25689-900 – Petrópolis, RJ
Tel.: (24) 2233-9000 – Fax: (24) 2231-4676 – E-mail: vendas@vozes.com.br

UNIDADES NO BRASIL: Belo Horizonte, MG – Brasília, DF – Campinas, SP – Cuiabá, MT
Curitiba, PR – Florianópolis, SC – Fortaleza, CE – Goiânia, GO – Juiz de Fora, MG
Manaus, AM – Petrópolis, RJ – Porto Alegre, RS – Recife, PE – Rio de Janeiro, RJ
Salvador, BA – São Paulo, SP